シリーズ「遺跡を学ぶ」067

藤原仲麻呂がつくった壮麗な国庁

近江国府

平井美典

新泉社

藤原仲麻呂がつくった壮麗な国庁
—近江国府—

平井美典

【目次】

第1章　幻の国府を求めて……4
1　近江国と藤原氏……4
2　忘れ去られた国府・国庁……9
3　近江国府の推定……10
第2章　大国近江の国庁……14
1　散乱する瓦片……14
2　姿をあらわした近江国庁……20
3　特殊な政庁構造……33
第3章　近江国府の威容……50

装　幀　新谷雅宣
本文図版　中原利絵

1　みつかった古代の勢多橋……50
2　近江国府の官衙……57
3　国府に関連する寺社……70
4　国府周辺の生産遺跡群……76
5　藤原仲麻呂と保良宮……82

第4章　近江国府の盛衰……86

1　権威の象徴……86
2　律令期国府の終焉……89

主な参考文献……91

第1章　幻の国府を求めて

1　近江国と藤原氏

水陸交通の要衝

近江国《おうみのくに》は淡海国とも記されるように、湖の国である。日本列島のほぼ真ん中に位置し、周囲を山に囲まれた盆地地形で、その中央に我が国最大の湖、琵琶湖《びわこ》がある（図1・2）。琵琶湖から唯一流れ出る瀬田川《せたがわ》は、宇治川《うじがわ》、淀川《よどがわ》と名前を変えて大阪湾にそそぐ。

古代の地域区分では、近江国は東山道《とうさんどう》に属していた。奈良時代には琵琶湖の東を東山道、西を北陸道《ほくりくどう》が通過しており、平安時代には東海道《とうかいどう》も国内を通ることになった。

畿内地域に隣接する近江国は、都と東山道・北陸道・東海道諸国を結ぶ交通の要衝で、東日本と西日本の境界といってもよい。奈良時代の最重要の関である三関《さんげん》（鈴鹿関《すずかのせき》・不破関《ふわのせき》・愛発関《あらちのせき》）が近江と伊勢《いせ》・美濃《みの》・越前《えちぜん》の国境におかれたことからも、近江地域の交通・軍事上の重要

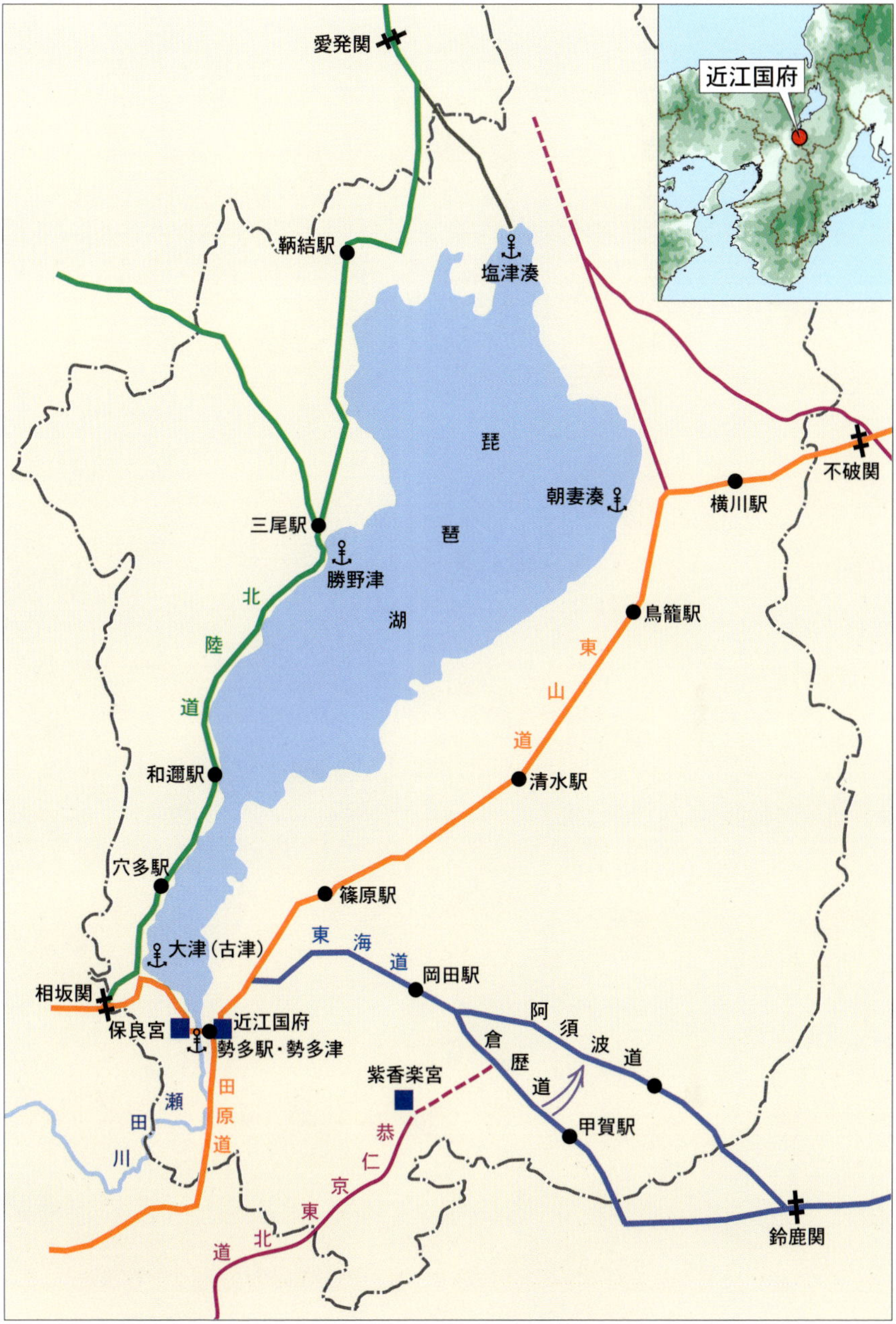

図１ ● **古代近江国の交通路**
近江国内を東山道・北陸道・東海道（平安以降）が通る。

性がうかがえよう。さらに、陸上交通路に加えて、琵琶湖そのものも淀川水系を介して日本海沿岸の若狭《わかさ》・越前地域と畿内中枢地域とを結ぶ水上交通の大動脈であった。

　畿内の東玄関として、古代・中世には東山道（長岡京期以降は東海道も併用）、近世には東海道・中山道のルートであった勢多橋《せたばし》（瀬田唐橋《せたのからはし》）は、戦略的要所のゆえに合戦の場になることも多く、古代においては壬申《じんしん》の乱（六七二年）や藤原仲麻呂《ふじわらのなかまろ》（恵美押勝《えみのおしかつ》）の乱（七六四年）など国家的大乱の舞台となった。

近江国守と藤原氏

　近江国は宇宙《あめのした》に名あるの地《ところ》な

図2 ● 琵琶湖（南湖）の周辺
瀬田川にはＪＲ琵琶湖線、国道１号、瀬田唐橋、ＪＲ東海道新幹線、名神高速道路、国道１号京滋バイパスなどの主要交通橋が集中する。

り。地広く人衆《おお》くして、国富み家給《そな》う。東は不破に交わり、北は鶴鹿《つるが》に接《つ》き、南は山背《やましろ》に通いて、この京《みやこ》の邑《さと》に至る。水海《みずうみ》清くして広く、山木繁くして長し。その塊《つちくれ》は黒壚《くろつち》にして、その田は上々《すぐ》れたり。水旱の災《わざわい》ありといえども、曾《むかし》より不獲の恤《うれい》なし。

藤原氏の伝記である『家伝』のなかの「武智麻呂《むちまろ》伝」には、近江国がこのような賛辞に満ちあふれた表現で記されている。

藤原武智麻呂は、『大宝律令』の編纂や平城京遷都にも大きくかかわった藤原不比等《ふひと》の長子で、藤原南家《なんけ》の祖である（図3）。祖父は大化改新の功臣、藤原鎌足《かまたり》。武智麻呂は、正一位左大臣まで任じられた律令政府の重臣であるが、「武智麻呂伝」によると、七一二年（和銅五）から七一六年（霊亀二）まで近江国守を務めた。

武智麻呂の子、仲麻呂（七四五年〈天平一七〉就任）や、造長岡宮使として長岡京遷都を断行した藤原種継《たねつぐ》（七八一年〈天応元〉就任）、左大臣まで昇った藤原冬嗣《ふゆつぐ》（八一六年〈弘仁七〉就任）なども近江守のポストに就任している。また、地方行政の監察官である按察使《あぜち》の任も、仲麻呂の叔父の房前《ふささき》、房前の子で仲麻呂の従兄弟で女婿でもあった御楯《みたて》など藤原氏でおさえられていた。藤原

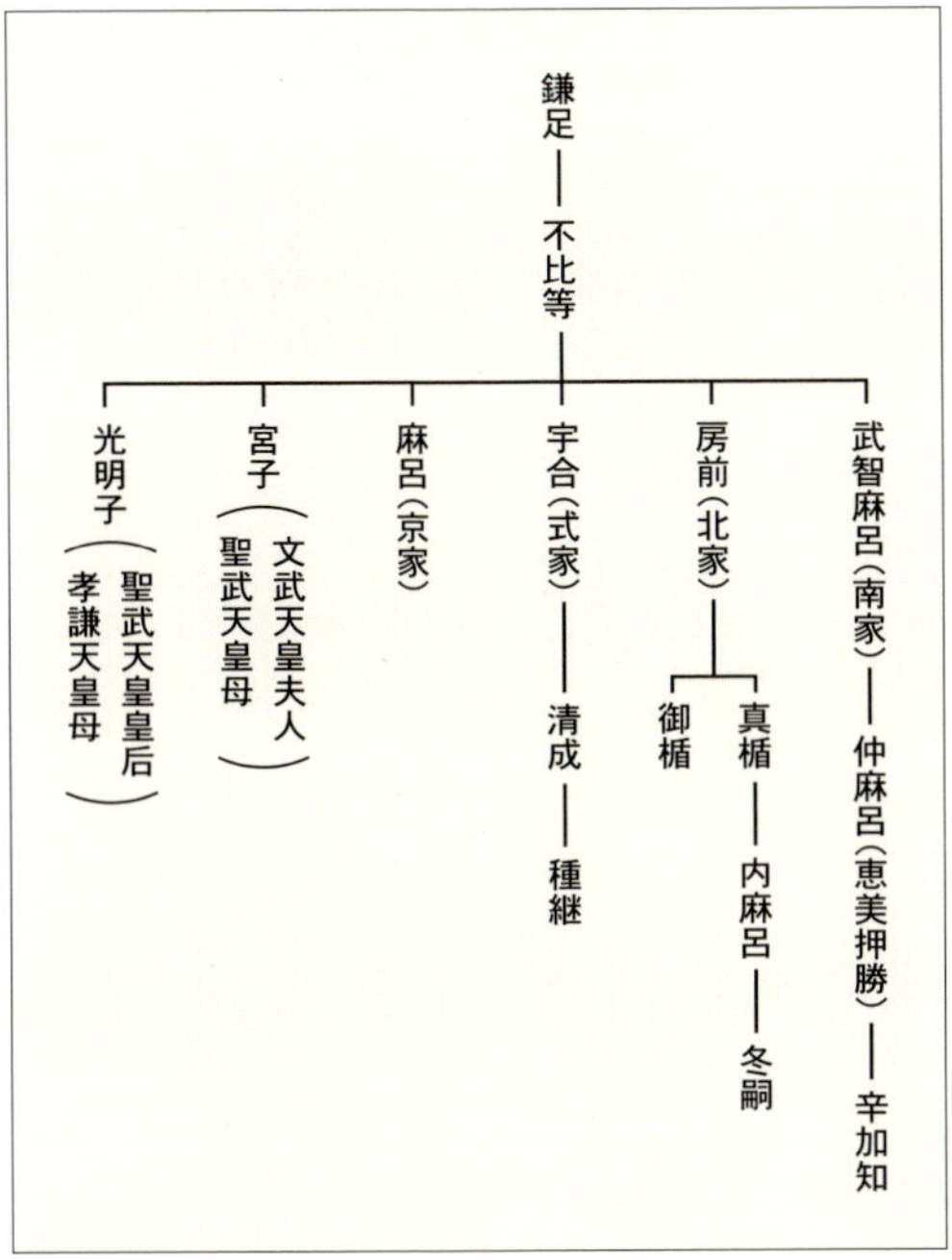

図３ ● 藤原氏略系図

氏は近江国を掌握しつづけ、けっして手放そうとしなかったのである。なお、仲麻呂は祖父の不比等に「淡海公」の称号を追贈してもいる。

藤原氏が近江国に拘泥した理由として、この地が畿内地域と東海道・東山道・北陸道諸国を結ぶ交通・軍事上の要衝であることに加えて、その豊かな生産力があげられよう。たとえば、一〇世紀前半に成立した『倭名類聚抄《わみょうるいじゅしょう》』に記された各国の租税徴収の基準となる本田数をみると、近江国は三万三四〇二町五段一八四歩で、陸奥《むつ》国・常陸《ひたち》国・武蔵《むさし》国についで全国第四位である。森林資源も豊富で、湖の幸や山の幸にも恵まれている。それに鉄を産出し、早くから鉄産業が興隆していた国柄は、時の権力者にとってなによりも魅力であったにちがいない。

中央政界実力者の近江国守着任

のちに名前を恵美押勝とあらためた藤原仲麻呂(七〇六～七六四)は、極位極官の正一位大《たい》師《し》(太政大臣)にまで昇りつめ、権勢をほしいままにした奈良時代中期の大政治家である。七四五年(天平一七)、民部卿《みんぶきょう》であった彼は、近江国守を兼任する。現代風にたとえるなら、総務大臣と財務大臣を兼務する政府の重鎮が、滋賀県知事も兼職していたというところである。仲麻呂は、大保《たいほ》(右大臣)に昇任する七五八年(天平宝字二)まで、一三年間にわたって近江国守を務めていたとみられている。国守を辞職したのちも、自分の息のかかった介《すけ》(次官)を通じて実質的に近江国支配をつづけたらしい。

『続日本紀』には、七六二年(天平宝字六)に「大師藤原恵美朝臣押勝に近江国浅井・高島二郡の鉄穴各一処を賜う」とあり、仲麻呂が近江北部の鉄鉱山の採掘権を得たことがわかる。瀬田丘陵に集中する製鉄遺跡では質の良い鉄鉱石が原料として使われているが、この近くに鉄脈はなく、出土した鉄鉱石の成分が高島地域のものと似ていることがわかっている。湖西・湖北の鉄鉱石を湖上水運で運漕し、国府にほど近い野路小野山《のじおのやま》遺跡などで精錬していた様子が想像できる。近江の鉄は彼が私有する武器の原材料としても大いに利用されたのであろう。

2　忘れ去られた国府・国庁

律令政府は全国を六〇ほどの国に分割し、国の下に郡《ぐん》、さらに郡のもとには郷《ごう》をおいた。国府は国レベルの行政や司法、軍事、祭祀などを統括していた律令制地方支配の拠点で、近江国府は滋賀県庁や滋賀県警、税務署、法務局、裁判所などをあわせた役割をになっていたことになる。

律令制下の国には、大・上・中・下国の等級があった。『延喜式《えんぎしき》』民部上（九二七年完成）によれば、近江国は大国に位置づけられており、近江国府では、守《かみ》・介《すけ》・大掾《だいじょう》・少掾《しょうじょう》・大目《だいさかん》・少目《しょうさかん》各一人の四等官六人と史生《ししょう》三人で構成される国司が中央政府から派遣され、以下、末端の雑役に従事する者まで含めて七〇〇〜八〇〇人もの職員が勤務していたとみられる。

国司たちが執政したり、儀式や饗宴をおこなったりした国府の中心施設が国庁（国衙《こくが》）であり、地方においては律令国家のシンボル的な存在であった。しかしながら古代の国府や国庁は律令体制が崩壊するや、その存在意義を失って衰退・消滅し、やがて人びとの記憶からも失われてしまった。国庁と同様に国ごとに整備された国分寺の遺址が多くの国で知られ、今もその法灯が守られていることもあるのにくらべると、じつに対照的である。

3　近江国府の推定

文献から探る

近江国の国府についてもしかり。そのすべては、地中に埋没してしまった。

ただ、古文献のなかに国府の所在について記されたものがあるので、大まかな位置は推定された。『倭名類聚抄』（九三一〜九三八年頃）と『拾介抄《しゅうがいしょう》』（一二九四年以前）ともに「国府在栗本《くるもと》（太）郡」とある。また、『雅実公記《まさざねこうき》』承保元年（一〇七四）条に「勢多駅《せたのうまや》是国司館也」、『中右記《ちゅうゆうき》』永久二年（一一一四）条に「勢多宿所近江国司館也」とみえる。

これらの記載から、瀬田川東岸の栗太郡《くりたぐん》勢多、現在の大津市瀬田地域に国府をはじめ国司の館や勢多駅（駅《うまや》は律令制下、諸道の駅路におかれた。人馬のつぎたてや駅使の休息・宿泊の施設）などが存在したことがうかがえる。

古くは、近江国膳所《ぜぜ》藩の藩学をつとめた寒川辰清《さむかわときよ》が一七三四年（享保一九）に編纂した地誌である『近江輿地志略《おうみよちしりゃく》』をはじめとして、『栗太志《くりたし》』（一八二一年）、『近江栗太郡誌』（一九二四年）、『滋賀県史』（一九二八年）のいずれも、近江国府を栗太郡勢多（瀬田）の地に比定している。

歴史地理学からのアプローチ

古代の国府がどのような形態であったのかという問題については、まず歴史地理学的方法によって研究がスタートした。

歴史学者の三坂圭治《みさかけいじ》は一九三三年（昭和八）に著した『周防国府の研究』において、周防国府の復元を試みた（図４）。三坂は、山口県防府《ほうふ》市に東国衙《ひがしこくが》・西国《にしこく》衙《が》とよばれる二町四方の地や、朱雀《しらか》町という町名があり、中世以降、「土居八町《どいはっちょう》」や「国衙土居八町」とよばれたこの地に、条里地割の一町を基準とした八町（約八七〇メートル）四方の国

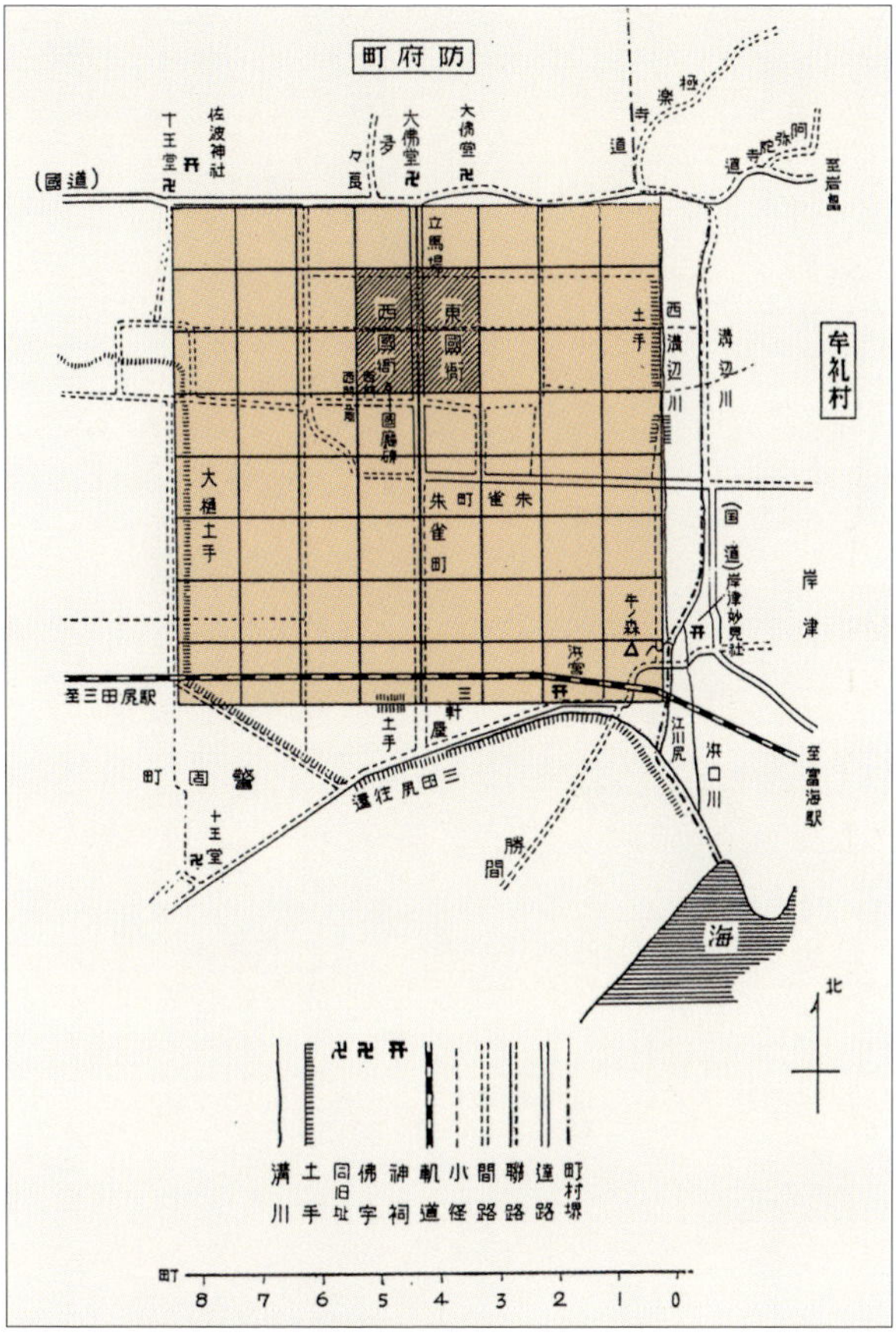

図４ ● 三坂圭治による周防国府の復元
三坂は８町四方の国府域を復元し、その北寄りに２町方格の国庁を想定した。

府域を想定したのである。想定された国府域の東西南の縁辺には、これを囲むかのように土手や川がのび、八町方格の隅付近には神社や寺院が存在する。

三坂が復元した周防国府は、土塁で囲まれた方八町の方形方格の国府域を備え、この中央北寄りに国衙（国庁）をおくというスタイルである。つまり、平城京や平安京のように碁盤目状の街区を備えた、いわば都城のミニチュア版古代都市としての国府形態が想定されたのであった。以来、周防国府の事例は、国府形態のモデルとされたのである。

米倉二郎の考察

近江国府の具体的な位置について最初に論及したのも歴史地理学分野からであった。人文地理学者米倉二郎《よねくらじろう》は、一九三五年（昭和一〇）、雑誌『考古学』に「近江国府の位置に就いて」という画期的な論文を発表した。

米倉は、瀬田付近を通る近世東海道が四町前後で階段状に屈曲したルートであること、国府の外郭とおぼしき部分に堤防や堀の遺構らしき道路や河川がめぐり、とくに府郭の南西隅を限るとみられる高橋川は不自然で人為的な流路をとることに注目した。また、想定される国府域の南西隅に建部《たけべ》神社（現在は建部大社）、北西隅に若松神社、北東隅に野上《のがみ》社、南東隅に山ノ神の小祠が鎮座するとし、神領《じんりょう》から大江《おおえ》にかけての台地上に方八町の国府域を想定したのであった（図5）。なお、国庁の位置は、周防国府の復元案からすれば、国府域北辺から一町南の方二町の地であるが、遺名や遺址は発見されていないとしている。

米倉の考察は、道路や河川、田畑の畦畔など地表に観察される事象を根拠として、国府の位置や規模、形態を考究しており、説得力に富むものであった。のちに、国府域は方八町ではなく方九町とみるべきという意見も出されたものの、この論文をきっかけとして方形方格の市街地が整備された近江国府像が定着していくこととなった。

しかし、次章からみてゆくように、発掘調査によって近江国府は、これらの想定とはまったく異なり、かつほかの国府には例のない堂々たる威容をあらわしたのである。

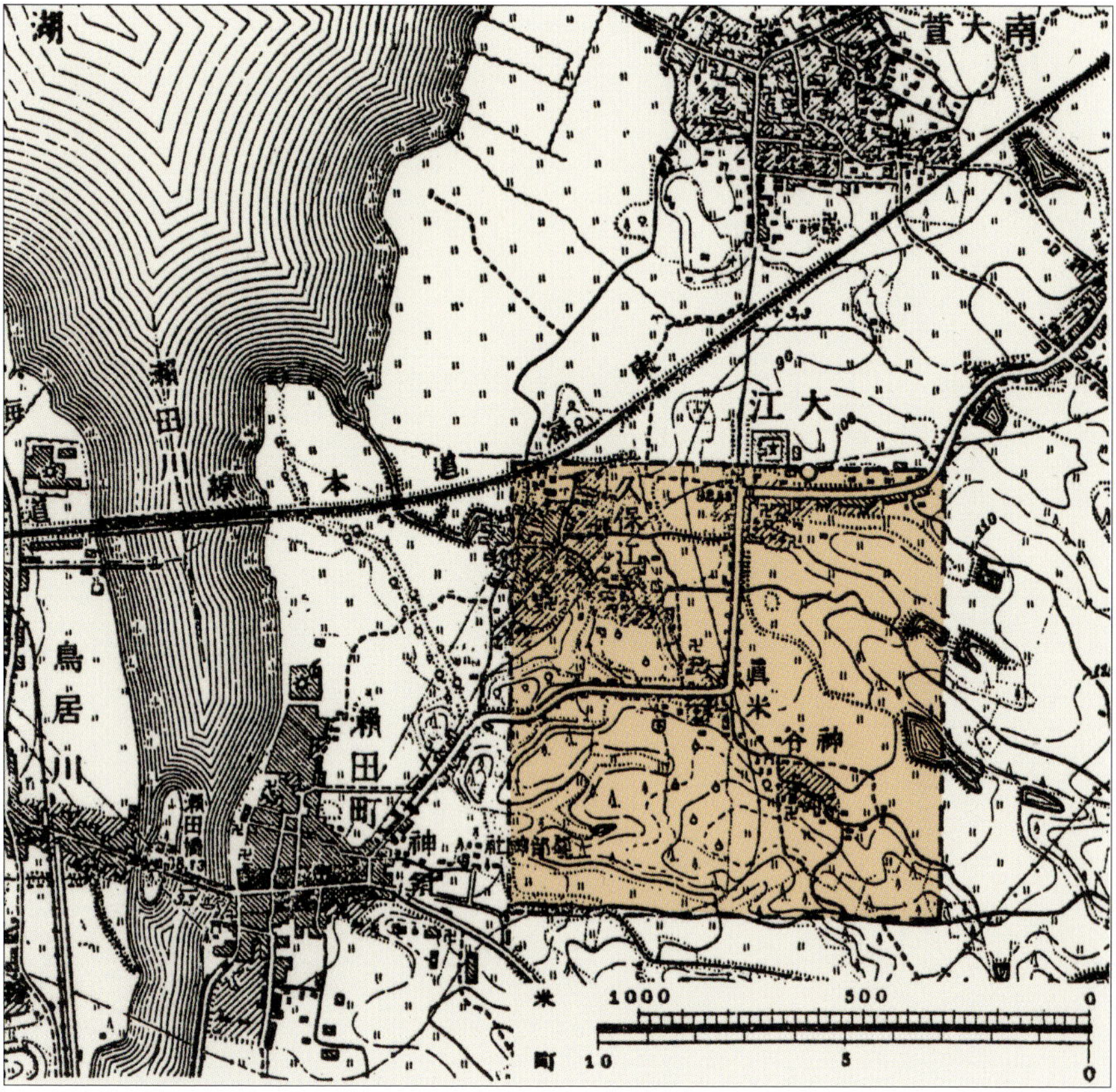

図5 ● 米倉二郎による近江国府域の想定
米倉が論文中の挿図で示した近江国府の範囲は、9町四方を占めている。

第2章　大国近江の国庁

1　散乱する瓦片

神領団地の建設

近江国府が所在する瀬田地域には、瀬田丘陵から派生した幾筋もの丘陵尾根が南東から北西へのびている。丘陵は琵琶湖に向けて低くなり、徐々に湖岸の沖積低地へと移行する。丘陵の先端に沿うように近世の東海道が通じている（図6）。

一九六〇年二月、建部神社の東、土地の人が三大寺山《さんだいじ》とよぶ丘陵でブルドーザーが稼動していた。一九五〇年代後半以降の交通網整備によって、大津は京都・大阪のベッドタウンとして人口が急増し、深刻な住宅難となっていた。これを解消するために県下一の規模をもつ神領公営住宅団地が建設されることになり、整地工事が始まったのである。

三大寺山には以前から古瓦が散布することが知られていた。そのため急遽、発掘調査がおこなわれることとなった。現地調査を担当したのは、奈良国立文化財研究所の技官であった杉山《すぎやま》信三《のぶぞう》である。杉山は前年、一九五九年の六〜七月に、名神高速道路建設で破壊される憂きめにあった瀬田廃寺の発掘調査をおこなっていた。

勢田町文化協会

瀬田地区は文化活動に熱心な土地柄である。瀬田町文化協会という組織があり、会員の郷土史研究論文やエッセイ、短歌などを掲載した『静流』という会誌を発行し、遺跡の保存問題などもとりあげていた。中学生の俳句欄などもあるように、老若こぞって参加している。瀬田廃寺の発掘終了後すぐの一九五九年一一月発行号には、その調査概要も載せられ、杉山も寄稿している。瀬田廃寺の調査中に三大寺山で工事があることを知った杉山は、遺跡が壊されることを危惧する一文を書き添えている。

当時の滋賀県教育委員会には今のような文化財保護課という部署はなく、埋蔵文化財の専門職員も配置されていなかった。発掘調査をやろうにも作業員を雇う経費もなかった。そこで瀬田町文化協会の尽力のもと、瀬田廃寺の調査を通じて文化協会と交流のあった杉山が発掘調査にあたることになり、杉山といっしょに瀬田廃寺の発掘にも参加し、県教育委員会の依頼などで県内各地の発掘調査に多くたずさわっていた中学校教諭の西田《にしだ》弘《ひろむ》も調査に加わった。発掘作業には瀬田工業高校・瀬田中学校・打出《うちで》中学校の生徒たちと若干名の作業員があたった。

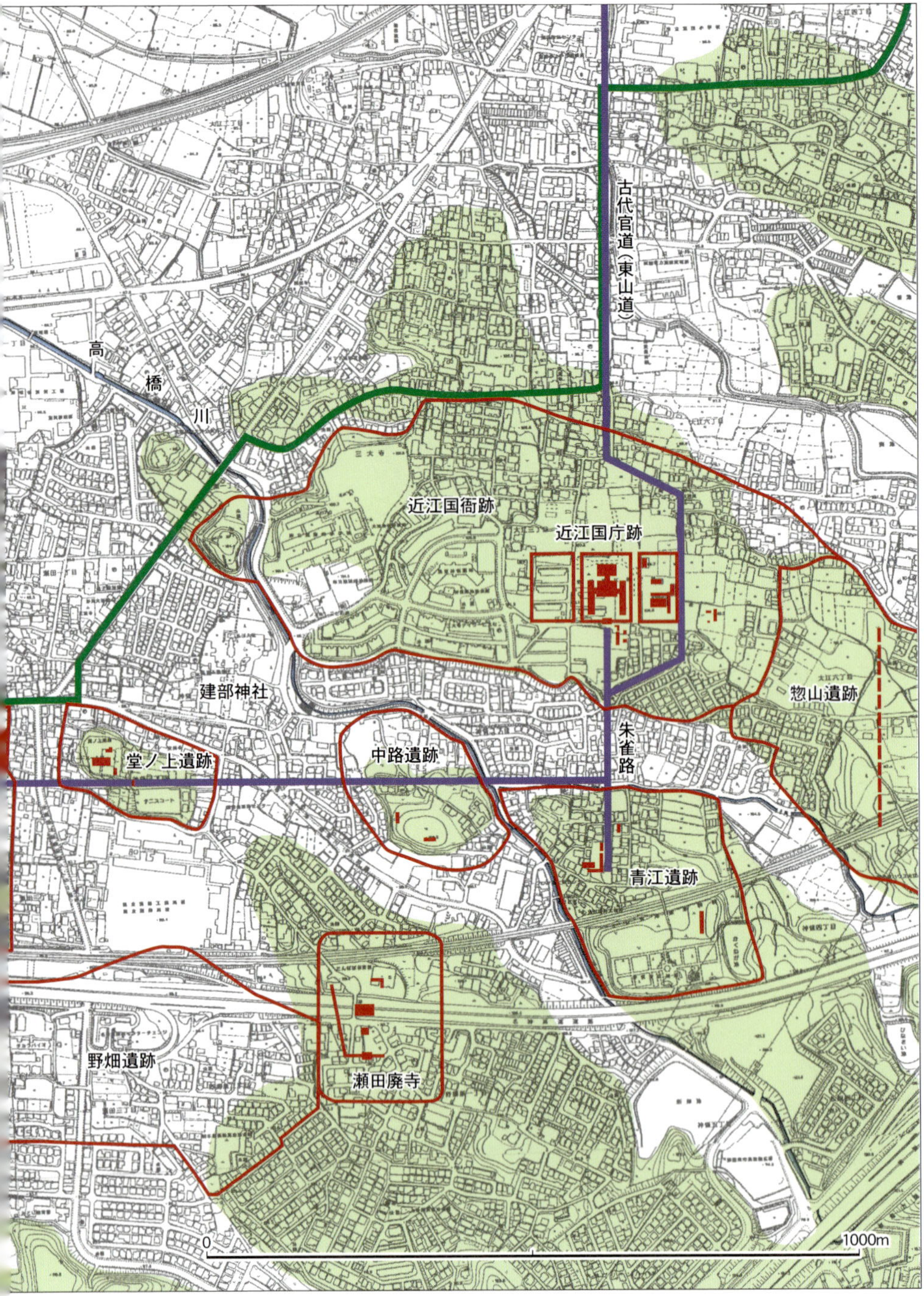
古代官道（東山道）
高橋川
近江国衙跡
近江国庁跡
惣山遺跡
建部神社
朱雀路
堂ノ上遺跡
中路遺跡
青江遺跡
野畑遺跡
瀬田廃寺
0
1000m

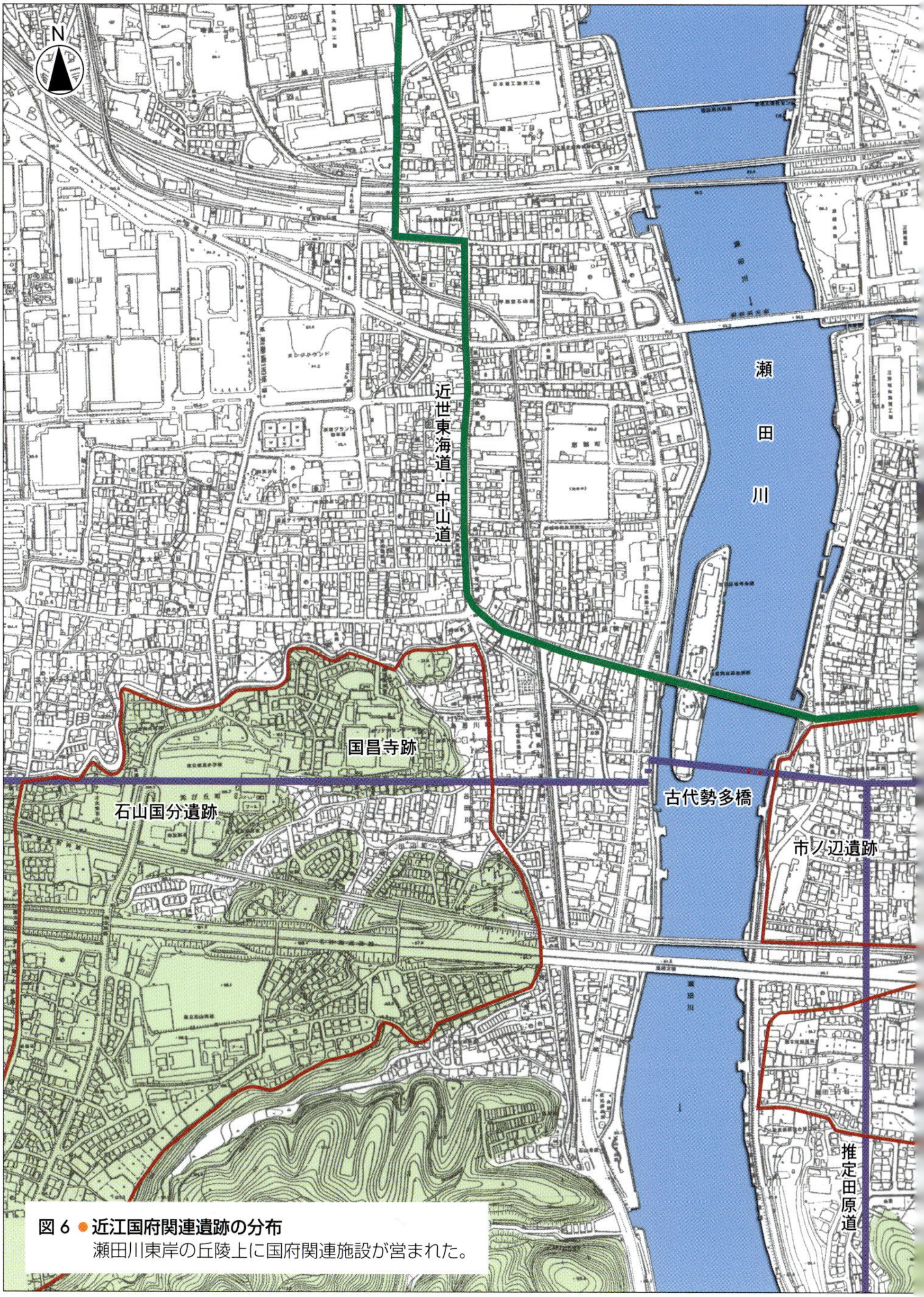

図 6 ● 近江国府関連遺跡の分布
瀬田川東岸の丘陵上に国府関連施設が営まれた。

礎石建物の検出

発掘は一九六〇年二月二〇・二一日の二日間でおこなわれた。調査地点は、建部大社から高橋川をはさんだ東側、三大寺山丘陵の西端付近である。

一帯はブルドーザーで大きく削りとられておびただしい瓦片が散乱している状況で、このあたりの遺構は壊滅的な打撃をこうむっていたが、二棟の礎石建物跡が検出された。うち一棟は東西に長い建物で、桁行が三メートル間隔で七間以上、梁間は南から二・一、三、三、二・一メートルの四間の規模である。礎石は失われていたが、礎石の根固めが残っていた（図7）。建物の周囲には焼灰が堆積し、そのなかに檜皮《ひわだ》の焼けたものがあったことから、この建物は檜皮葺であったとみられた。

一五一〇年（永正七）の年記がある建部神社の縁起『神縁《しんえん》年録《ねんろく》』には、三大寺山に奈良時代の高僧、行基《ぎょうき》菩薩が開基した勢多大寺があったとある。調査当時は、勢多大寺であるかはともかくとして、三大寺という地名から、漠然とこの遺跡は寺跡と思われていた。当時、古代瓦が出土する地方の遺跡

図7 ●検出された礎石根固め
礎石を固定するために入れられた礫と瓦が突き固められていた。

は寺院跡とみるのが普通であった。

杉山も、検出された建物の性格について、調査のすぐ後には寺院跡の可能性を考えていたようである。しかし、一九六一年三月に刊行された瀬田廃寺の調査報告のなかでこの調査に触れ、三大寺山の遺跡は国府のなかの舎屋《しゃおく》であって、青江《あおえ》（惣山《そうやま》遺跡か？）に残存する土塁や土壇は、国庁の主要な建物の跡かもしれないと、国府の可能性を述べている。

この杉山の推測はじつに卓見であったといえ、さらに国庁の位置についても言及していることが注意される。これが近江国府関連官衙遺跡の最初の発掘調査となった。

壊されかけた遺跡

先に名神高速道路建設に際して発掘調査がおこなわれ、その後の工事で金堂部分を削りとられてしまった瀬田廃寺において、一九六三年、今度は寺域の北辺をかすめて東海道新幹線が敷設されることになった。三月一日、前年に滋賀県教育委員会の埋蔵文化財技師として着任していた水野《みずの》正好《まさよし》は、杉山信三とともに瀬田廃寺と新幹線用地との関係を確認するため現地を訪れた。

一方、三大寺山の住宅団地建設工事は、引きつづき丘陵の東へ向けて進行していた。遺跡が壊されているらしいことは、すでに近所に住む菊地《きくち》敬一《けいいち》・尚《ひさ》夫妻から瀬田町文化協会へ通報されており、文化協会では出土した瓦や塼《せん》を集めて県教育委員会へ知らせる手続をとっていた。

この日、米倉が想定した国府域の中軸付近にまで工事がおよび、雇用促進事業団による炭鉱離職者のための鉄筋アパートの建設がおこなわれていることを知った水野はすぐさま工事現場へ駆けつけた。現場には瓦や塼が散乱し、基礎工事の断面には塼で囲まれた溝などの遺構も見受けられた（図8）。

2 姿をあらわした近江国庁

近江国庁の政庁か（第一次調査）

その場所は、高低差一〇メートルほどの低丘陵の稜線上にある農地で、西約一キロには瀬田川が流れている。現在は住宅などにさえぎられているが、往時は琵琶湖や瀬田川、そこを往来する舟も眺望できたであろう。

とりあえず、工事をいったん中断して、工事で露出してしまった遺構を調査することとなった。調査は三月末までおこなわれ、特異な構造をもつ南門跡や中門推定地より西へのびる築地《ついじ》（土を突き固めて築いた塀）跡、南北に走る築地、政庁遺構と思われる塼組溝と基壇などが発見された。また、中門推定地の北方西寄りの工事断面から、幅一メートル、深さ約〇・八メートルの大きな掘立柱の掘方が東西に六カ所、三・二メートルずつの間隔で連なっている（七間分との報告もみられる）ことなども確認された。

南門は、中門推定地の南方約八〇メートルの丘陵縁辺に位置し、瓦積基壇《かわらづみきだん》（外周に瓦を積んで外装とした基壇）の一部と礎石の根石が検出された。基壇の規模は、東西一二メートル、南北九メートルと推定され、三間×二間の門を想定している。ただし、検出された二間×二間分の礎石根石が、三メートル（一〇尺）等間で中央間が広くならないことから、一間×一間の四脚門の両脇に脇門を付設したものとする見解もある。また、南門の左右には長さ数メートルの築地（翼廊とされる箇所もある）がとりついていたとされる。

遺跡中軸線の保存

このように、発見された遺跡の中心建物は、瓦積基壇を備えた瓦葺礎石建ちの堂々たる堂宇であった。その前面には玉石敷舗装が施され、周囲を築地で囲まれている。また、中門や南門までが整えられており、相当な規模と格式の高さを示していたのであった。

検出された堂宇に政庁の可能性が考えられたように、この遺跡が近江国府の中枢施設であると想定されたのである。建設中の五棟のアパートは、その位置を西へ移動させて建設されることになり、遺跡の推定中軸線

図8 ●塼組溝と玉石敷
塼で囲まれた溝の前（南）面は玉石を敷いて舗装される。断面にみえる右下がりの褐色土は整地土であろう。背広にトレパン姿が調査を担当した水野正好。

はかろうじて保存された。

第二次調査の開始

一九六〇年代当時は高度経済成長の真っただ中、滋賀県においても名神高速道路・東海道新幹線の敷設や、これによって失われる農地の補塡策としておこなわれた内湖干拓による新耕地の開拓など、大小の開発事業が目白押しであった。一九六四・六五年には、縄文時代後期の七隻の丸木舟が出土した水茎内湖《すいけいないこ》遺跡、弥生時代中期の大規模水田跡が検出された大中《だいなか》の湖南《こみなみ》遺跡など、学史に残る発掘調査がおこなわれている。

これらの開発にともなって発生する埋蔵文化財調査を担当していたのは、当時、県下では水野正好ひとりきりで、到底すべての発掘作業に対応できる状況ではなかった。そこで水野は、西田教諭をはじめとする県内の歴史研究者や、立命館大学・同志社大学・京都大学などの学生の応援を請い、彼らに現地の発掘作業をまかせて、みずからは県下一円に散らばる調査地をめぐって調査内容の確認や作業工程の指導をおこなっていた。水野は、調査地を移動する間の駅でも車中でも、膝に小板をのせて記録を作成し、報告原稿を書くというあわただしい毎日であったという。

このような状況のもと、三大寺丘陵にある遺跡の実態をさらに詳細に把握し、これを保存するための資料を得るための第二次調査が一九六五年二月一〇日から三月二七日までおこなわれた。現地発掘作業の中心となって切り盛りすることとなったのは、当時、立命館大学一回生の黒崎直《くろさきただし》であった。調査指導には水野のほかに、県の文化財保護課から依頼を受けた杉山信三があたることとなった。杉山は週に一回くらい発掘現場を訪れたようである。

瓦積基壇の検出

調査では、調査経費や期間の制約から、トレンチ発掘で遺構の範囲や性格を知ることに主眼がおかれた。幅二～三メートルほどの細長いトレンチを縦横に入れたところ、たちまち大型建物の基壇にあたった。

基壇には、風雨による損傷の防止と装飾効果を兼ねて、縁辺に外装が施される。外装材には石が用いられることが多いが、ここでは瓦を積み上げた瓦積基壇であった（図9）。瓦積基壇は近江・山背《やましろ》に集中し、飛鳥《あすか》・白鳳《はくほう》期の渡来系氏族と関連する寺院で用いられる傾向がある。近江では奈良時代に入ってから

図9 ● **瓦積基壇**
後殿基壇南縁。創建基壇のやや内側に平安初期の改築基壇が構築される。創建基壇には半分に割った平瓦が積まれ、改築基壇には創建堂宇に葺かれたものを転用したとみられる丸瓦が多用される。創建基壇を壊している穴は改築工事の際に組まれた足場の柱穴と考えられている。

も、国庁や瀬田廃寺をはじめとして近江国府に関連する施設で、瓦積基壇が特徴的に採用されている。

建物配置を確認

基壇の縁に沿ってトレンチは延長され、四棟の大型建物の基壇配置がおさえられた。中心建物としての東西棟の正殿《せいでん》、正殿の北背面に並列する後殿《こうでん》、正殿の東西両側から南に長くのびる脇殿《わきでん》があり、これらが左右対称形に配置されていた（図10・11）。

瓦積基壇の外周ラインは、建物から建物へと一筆書きするように連続して検出された。後殿・東西脇殿と正殿は、瓦積基

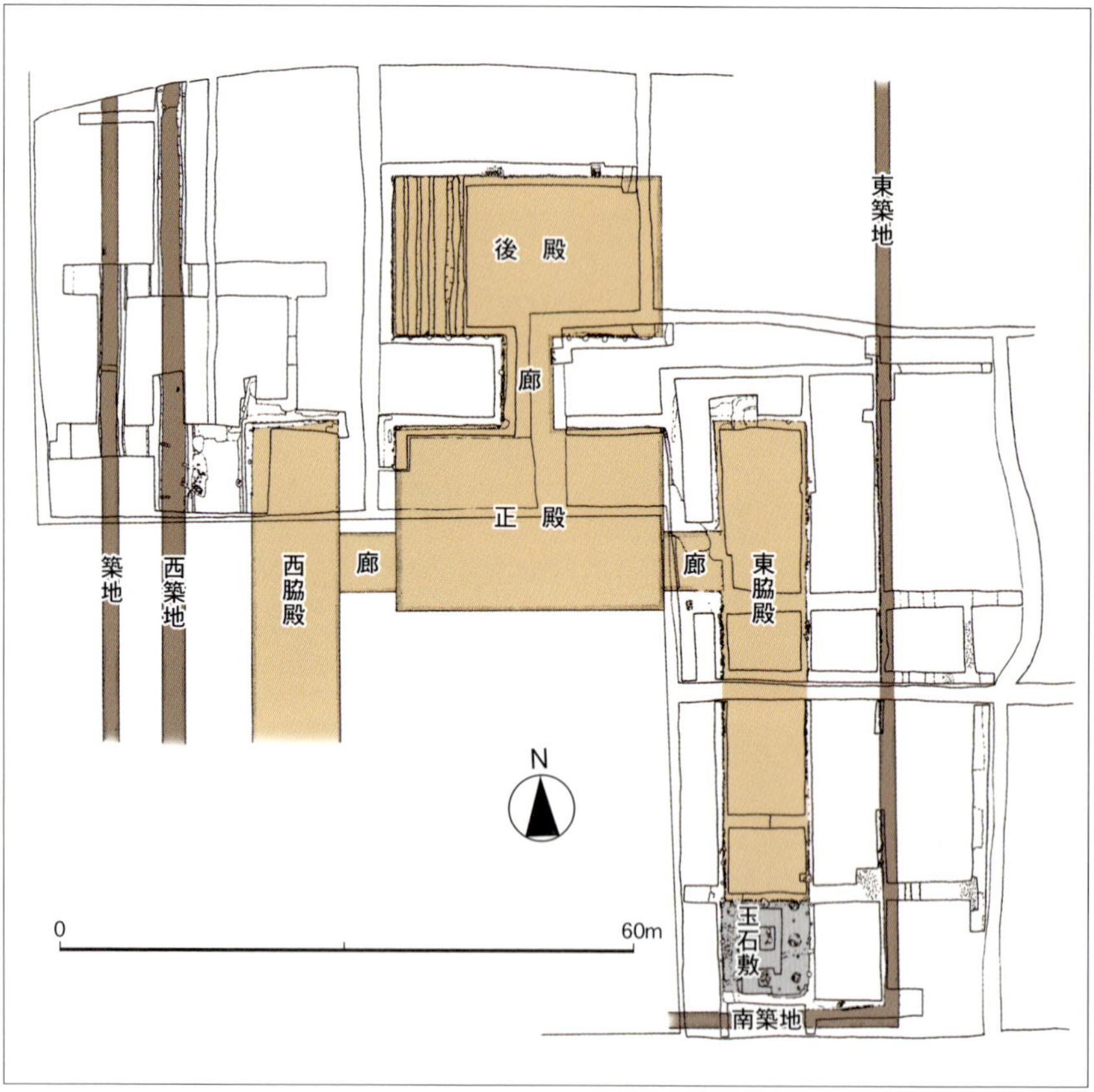

図 10 ● **政庁遺構図**
トレンチ調査により基壇配置が追求された。基壇上面は未調査。

図 11 ●政庁建物の復元
正殿と東西の脇殿に囲まれて、儀式空間である前庭が構成される（大上直樹復元制作）。

壇をもつ廊《ろう》でつながれていたのだ（図12）。

水野は講演会や大学の講義などで当時の発掘調査の様子を、軽妙かつ天真爛漫な独特の語り口で「現場は黒崎君に頼みました。いや、なにも難しいことはないんです。瓦積基壇のつづきを追いかけて掘っていくだけですから」と言って笑いを誘う。あるシンポジウムで水野と同席した黒崎はこれを聞いて苦笑していた。

正殿・後殿・脇殿・廊は、基壇縁の検出にとどめられ、基壇上の建物遺構は調査されていない。瓦積外装は、よく残っている後殿の北縁で最高一一段、高さ五三センチであった。

正殿の南半分と西脇殿の大部分、正殿と西脇殿をつなぐ廊は、すでに一九六三年の雇用促進事業団のアパート建設工事によって破壊されていた。基壇の規模は、正殿が東西二七・九メートル・南北一九・三メートル、後殿が東西二七・九メートル・南北一六・五メートルに復元され、正殿は七間（二三・一メートル）×五間（一五メートル）、後殿は七間（二三・一

図12 ●後殿基壇（南から）
基壇南辺中央に正殿とつながる廊基壇がとりつく。

メートル）×四間（一二メートル）の建物が想定された。後殿基壇北辺の二箇所に、花崗岩の切石を用いたり、平瓦を重ねて並べたりした階段がつく（図13）。

第一次調査で確認された塼組の溝は、正殿基壇の南縁にともなう雨落溝とみられる。正殿の南面には玉石を敷いた舗装が施されていたようだ。

脇殿の基壇は東西九・二メートル・南北四八・五メートルの長大なもので、脇殿は一六間×二間の規模に推定されている。東脇殿の南側には瓦積基壇を備えた玉石敷遺構があり、九世紀初頭頃、ここに東西二間（六メートル）、南北二間（七・二メートル）の楼閣ふうの礎石建物が増設されたらしい。

基壇建物群を囲む築地区画は、東築地西縁から西築地東縁までの東西幅が約七二メートル（二四〇尺）（図10）。築地の基礎部分の幅は一・五～二・四メートルで、屋根を含めた高さは四メートルほどあったと思われる。また、西築地の四・五メートル

図13 ● 後殿基壇北縁の階段
花崗岩の踏み石をおいている。

ほど西側を南北にのびる別の築地が検出されている（図14）。

出土した土器や瓦の年代観から、これらの施設は八世紀中頃の創建で、九世紀初め頃に大改築がおこなわれ、二〇センチほど内側に瓦を積み直して基壇をつくりかえている。その後、一〇世紀後葉まで存続したと考えられた。創建年代は、藤原仲麻呂が近江国守を務めていた時期と重なる。

飛雲文瓦

発掘調査では瓦が多量に出土した。軒先に葺かれる軒丸瓦《のきまるがわら》や軒平瓦《のきひら》には多種類のものがあるが、八世紀中頃に創建された甍《いらか》は飛雲文《ひうんもん》瓦で飾られていた（図15・16）。飛雲文は、秋空によくみられる尾を長くたなびかせた雲をあしらった流麗な文様である。古代の軒丸瓦には蓮華文《れんげもん》、軒平瓦には唐草文《からくさもん》がつけられることが多いが、

図 14 ● **西築地**（南から）
築地の基礎部分に平瓦を組み合わせた暗渠がつくられている。
西側に平行して別の築地がのびる。

近江国庁の創建堂宇には、軒丸瓦や軒平瓦のほか鬼瓦にまで飛雲文が用いられるなど、このデザインで統一されている。

飛雲文軒丸瓦と創建期丸瓦の製作技法は特殊なものだ。通常、丸瓦は筒型に粘土を巻きつけて粘土円筒をつくり、これを縦半分に割ってつくる。軒丸瓦はこれに文様をつけた瓦当《がとう》を接合して製作される。一方、飛雲文軒丸瓦やこれと組み合う丸瓦は、カマボコ形をした横置型の成形台を使用して一本ずつつくられている。このような製作技法は、近江では国府が経営した瓦工房で八世紀中頃から後半にかけておこなわれていた。

九世紀初頭の大改築以降、飛雲文瓦は製作されなくなり、かわって蓮華文軒丸瓦と唐草文軒平瓦がつくられた（図17）。

寺院ではなく国庁だ

発掘調査で明らかにされた建物遺構は、寺院の伽藍とはまったく異なったものであった。

水野は、朝廷の各宮域の大極殿院《だいごくでんいん》・朝堂院《ちょうどういん》・内裏内郭《だいりないかく》の構造、あるいは遠《とお》の朝廷《みかど》ともいうべき大宰府《だざいふ》や多賀城《たがじょう》内城の

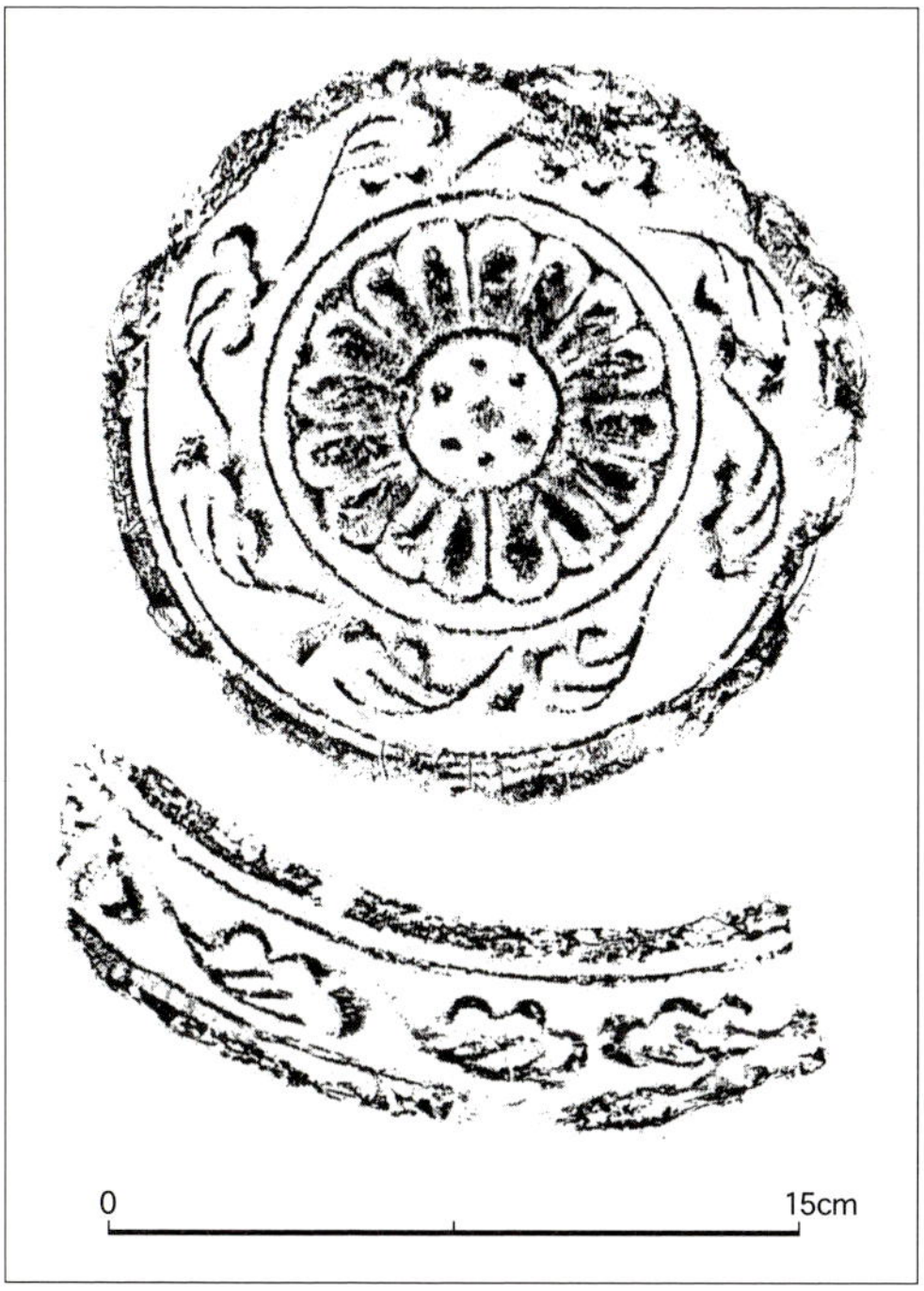

図 15 ● **飛雲文軒瓦**

近江国庁・国府創建期の８世紀中葉から後半にかけて、飛雲文瓦が用いられた。拓本は、国庁政庁創建堂宇の主体をなすもの。

構造、ひいては朝廷の諸官の官庁の構造が、この三大寺遺跡の構造に非常に近い関係にあると考察した。さらに、かつて米倉二郎が想定した国府域の南北中軸線上に正殿・後殿・中門・南門が並び、この中軸線を折り返す位置に東西脇殿が配置されること、外底面に「国」と墨書された土師器椀《はじきわん》や修《しゅ》理職《りしき》（建物の修理を司った役所）の製作になる「修」字が刻印された瓦（図**35**参照）の出土などを考えあわせて、それまで寺跡に推定されてきた当遺跡を近江国の国衙（国庁）と断定したのである。

　ただ、近江国庁が都城の場合と異なって推定国府域の南寄りに位置するのは、北に向かって低くな

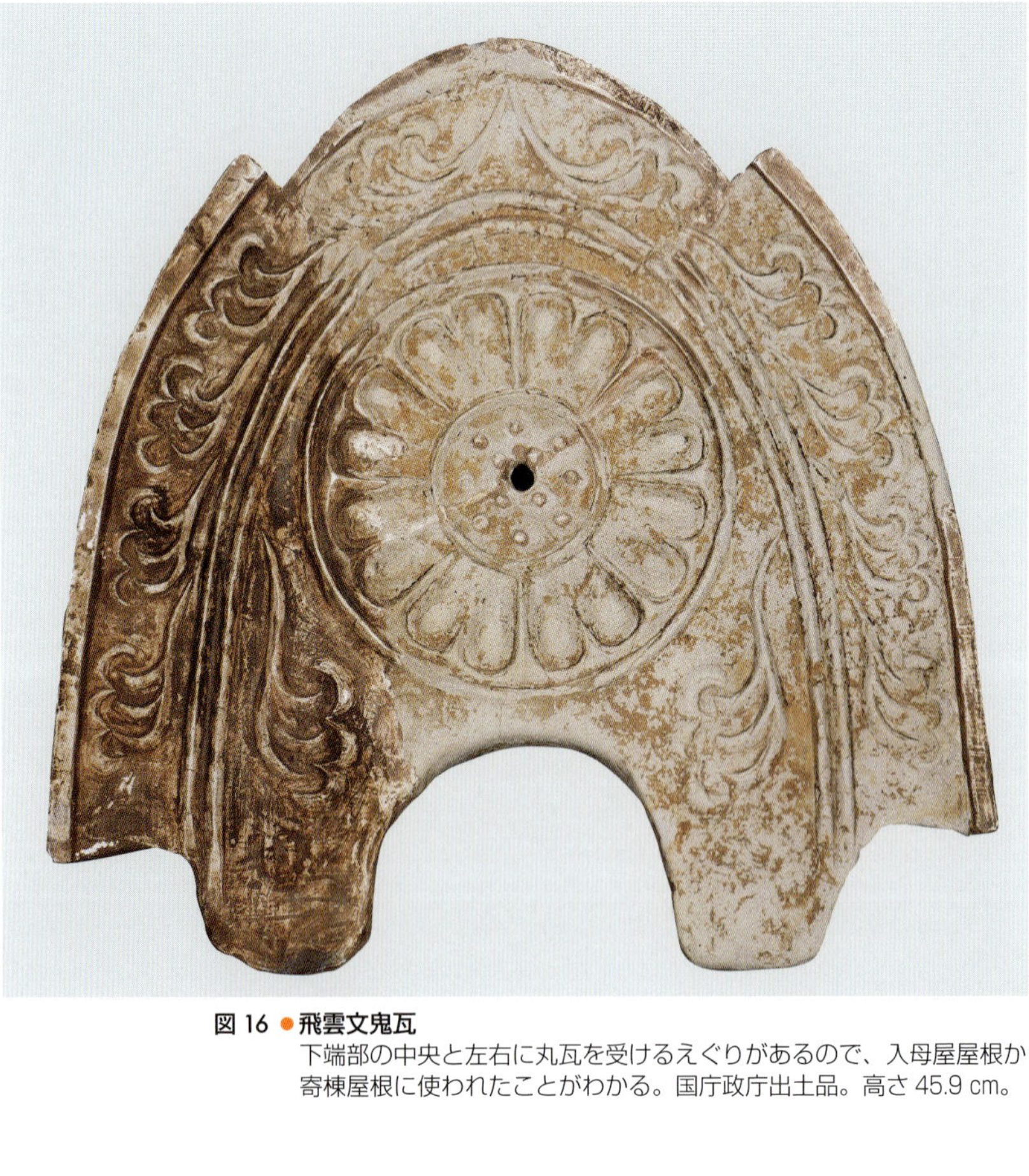

図 16 ● **飛雲文鬼瓦**
下端部の中央と左右に丸瓦を受けるえぐりがあるので、入母屋屋根か寄棟屋根に使われたことがわかる。国庁政庁出土品。高さ 45.9 cm。

る地形的制約によるとした。さらに、近江国庁中枢部は、政庁を中心に東西に並列する三つの築地区画から構成されると想定したのであった。また、一九六三年の第一次調査において、想定西官衙区の西南隅付近で、幅一・五メートル、深さ一メートルの溝が工事断面に観察されたこと、西官衙区の区画内部にあたる雇用促進事業団アパートの西側中央棟の位置から敷石をともなった五間×二間の東西棟掘立柱建物や二条の東西溝がみつかったことを報告書に記している。

国庁の儀式風景

近江国庁の政庁は、今様にたとえるなら知事室がある滋賀県庁本館にあたる。その具体的な機能についてはよくわかっていないが、そこでは国司たちが政務や儀式をとりおこない、儀式の後に宴会が催されたりした。毎年元日には属官や国内各郡の郡司、軍毅《ぐんき》（諸国におかれた軍

図 17 ● **改築時の軒瓦セット**
9 世紀初めの改築堂宇には、蓮華文軒丸瓦と均整唐草文軒平瓦が葺かれた。
軒丸瓦の直径 18.4 ㎝。

団の統率官）らが参集して新年の儀式がおこなわれ、また、毎月朔日（一日）には郡司から国司に各郡の行政報告がなされていた。

国庁正殿は国司が、脇殿は郡司らが着座する場であったのだろう。知事のいる県庁に市町村長が集まってセレモニーをおこない、引きつづいて開かれる懇親会に興じるといったところである。庁舎内で酒宴をもつのは現代と異なる。

元日の儀式次第を規定した『養老儀制令《ようろうぎせいりょう》』元日国司条によると、国守は介以下の部下や郡司らを率いてともに正殿に向かって拝礼せよとある。国守を含めて官人たちは、正殿の前面に広がる前庭に整列して、実際にはそこにいない天皇に年賀を奏上するのである。つぎに、あらためて国司が正殿に上がって郡司らから新年の祝賀を受け、儀式が終了すると饗宴に移る。

つまり、正殿は天皇が御す宮殿の大極殿に、前庭はその朝廷に見立てられていることがわかり、最初に天皇や国家に対する国司や郡司など参加者全員の服属儀礼が執行される。そしてつぎに、中央政府からの派遣官で天皇の代理とみなされた国司と地方豪族である郡司の服属関係が確認されるのである。

このように、国庁は各国レベルの最高行政府としてだけではなく、天皇の威信、律令国家の理念や秩序を地方に貫徹・確認させるための装置として機能していた。

律令期国府像の定着

一九六三・六五年の三大寺山での発掘調査は、わが国で最初に国庁遺構を検出するという画期的な成果があげられた記念すべき調査となった。これ以降、近江国府の調査事例は、他国の国府調査・研究のモデルケースとして扱われることになる。

ここに、古代の国府は、方形方格の国府域の中軸上に国庁が位置し、その中枢部の政庁は、宮殿や中央官庁、また大宰府・多賀城の政庁などと類似した左右対称形の建物配置をとるという、すなわち都城のミニチュア版としての国府像が確立され、通説的見解となったのである。

しかし、これは一方で、国府のイメージを固定化させる大いなる呪縛となった。

3　特殊な政庁構造

政庁周辺の確認調査

発見された近江国庁跡は、第二次調査後すぐの一九六五年六月二九日に「史跡近江国衙跡」として仮指定、一九七三年三月一五日付で正式に国の史跡に指定され、恒久的な保存がはかられることとなった。そして、その具体的な保存や整備・活用方法を検討する資料を得るための遺構確認調査が、滋賀県教育委員会の丸山竜平《まるやまりゅうへい》を担当者として一九七七年度にスタートした。

一九七七年度には、政庁の北西から鉄滓《てっさい》や炭・灰を含む八世紀中頃の土坑（穴）や、鍛冶工房に想定される掘立柱建物がみつかったほか、一〇世紀後半の土坑、一一世紀末の井戸などが検出され、政庁が一〇世紀後葉に廃絶した後も、国衙域内ではその政治的機能が果たされていた可能性が指摘された。また、国府の四至の状況を明らかにすべく、推定国府域の北東隅と南東隅にトレンチが入れられた。北東隅調査区からは国府域を画するような特筆すべき遺構は検出されなかったが、南東隅調査区からは、第3章で述べる惣山遺跡倉庫列のうち北から六番目の礎石建物が検出され、この場所が国庁中心軸からおよそ四町東にあたることが注目された。

一九七八・七九・八一年度に実施された政庁東側の調査では、政庁の東に隣接する築地区画の一端がみつかり、ここにおいても鍛冶遺構が確認された。また、一九八一年度には、東脇殿の南側から南北棟掘立柱建物が数棟みつかっている。

このように、一九七〇年代後半以降、政庁隣接地の様子が徐々にわかってきた（図18）。加えて想定国府域内においても、住宅の建て替えなどにともなって調査のメスが入れられるようになったのである。

史跡調査・環境整備事業がスタート

近江国庁跡の中枢部は、開発工事による破壊から遺跡を守るために、一九六六年以降、滋賀県教育委員会により公有化が進められた。政庁建物については、基壇の損壊を防ぎ、基壇遺構を表示するための簡単な整備がなされ、「史跡近江国衙跡」と刻んだ石製標柱や説明板などが設置された。しかし、県に買い上げられた土地の大部分は、長いあいだ農地跡地の草原のままであった。

滋賀県、とくに南部地域は京阪神地域のベッドタウン化が進行し、宅地造成などによって緑地が急速に失われてきている。それにつれて、住宅地に近い位置での公園緑地などの施設整備

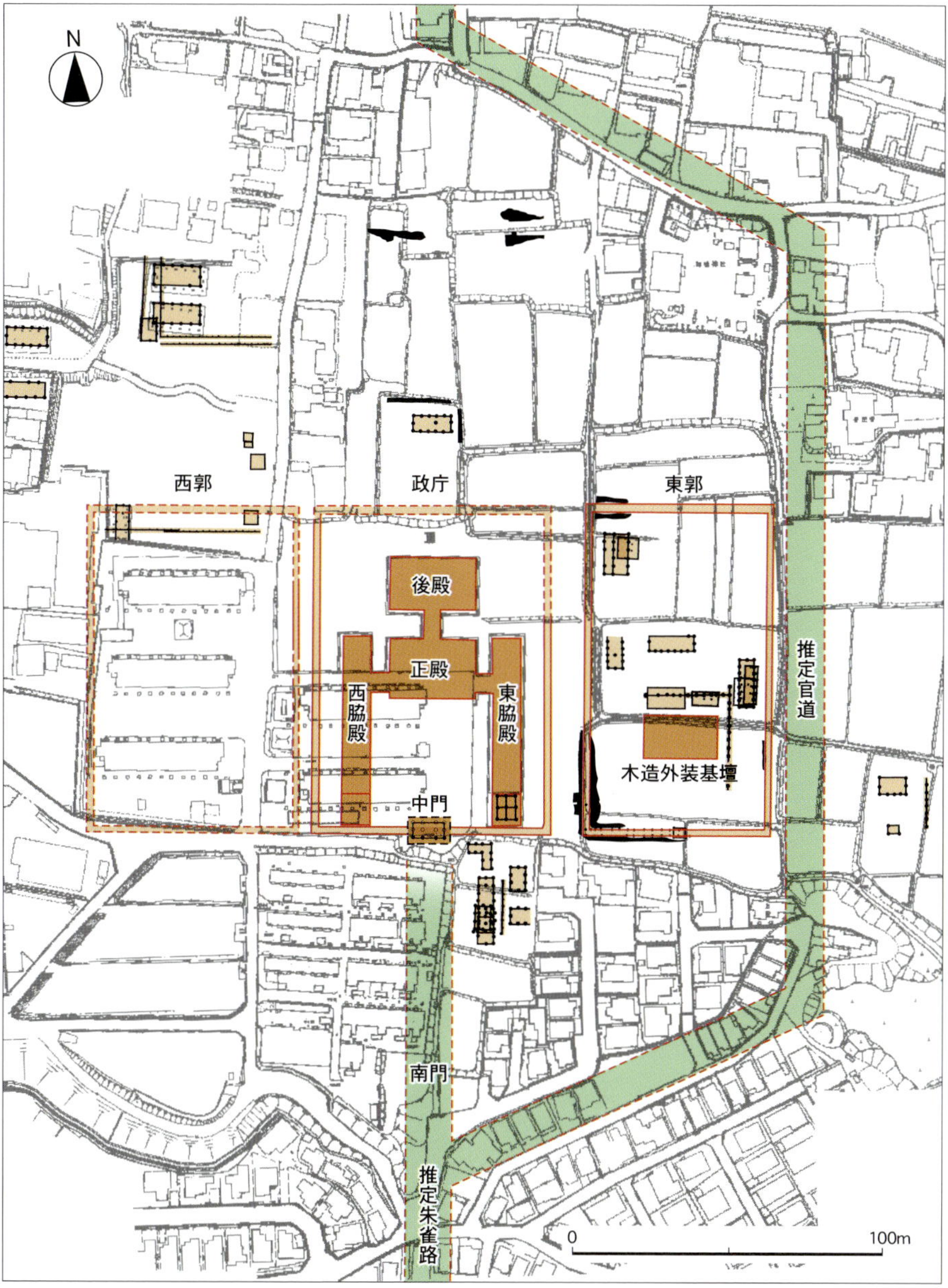

図 18 ● 近江国庁周辺検出遺構
政庁の東西に二つの築地区画が並べられ、周辺に関連官衙が整備される。
東郭の東を官道が通過するとみられる。

に対する県民の要望は日増しに大きくなり、近江国庁跡の史跡公園化を望む地域住民の声も高まっていた。

そのような社会情勢のなか、史跡近江国庁跡の調査・整備をおこない、魅力ある史跡公園として県民はじめ広く国民の活用に資するため、一九九五年に「史跡近江国庁跡調査・整備委員会」が設置された。委員長には考古学者で奈良国立文化財研究所（当時）の黒崎直が、副委員長には人文地理学者で京都大学（当時）の金田《きんだ》章裕《あきひろ》が選出された。黒崎が学生時代に参加した第二次調査で政庁遺構が確認されてから三〇年が経過していた。そして、政庁周辺の遺構の状況を確認するための発掘調査が一九九六年度に始まった。

一九九六・九七年度には政庁の北西隣接地の調査が実施された。その結果、八世紀中頃に深さ二メートル以上の谷を埋め立てて大規模な造

図 19 ● **政庁北西隣接地の遺構検出状況**（南東から）
8 世紀中頃の 2 棟の掘立柱建物が建つ。平安時代前期の塀（柵）の内部からは当時の建物遺構は検出されなかったが、瓦が相当量出土していることから、本来存在した瓦葺礎石建物が削平されているようにも思えた。

成工事がおこなわれていることが確認され、造成面から掘立柱建物や掘立柱塀（柵）などが検出された（図19）。

国庁創建期の建物は三棟みつかった。そのうち二棟は南北に並ぶ桁行五間（一五メートル）、梁間二間（六メートル）の東西棟掘立柱建物で、西に南北方向の塀をともなう。国庁の行政実務を担当した官衙とみられる。

九世紀初頭〜前半と推測される遺構には五列の塀がある。また、一〇世紀後半代までの遺物を多量に含んだ整地土層が確認され、『扶桑略記《ふそうりゃっき》』にみえる九七六年（天延四）の大地震で国庁建物が倒壊した跡地をならしたものと思われた。

東郭の検出

引きつづいて、一九九八・九九年度には、政庁の東隣接地の調査がおこなわれた。現地調査初日の一九九八年七月六日は、梅雨の中休み、かんかん照りの暑い日であった。この年度の調査担当であったわたしは、終日、パワーショベルにつききっきりで表土の除去作業を指示していた。その作業中、地元の方から県庁に、

「けしからん不届き者が史跡地を重機で掘り返しとる！」

との通報があった。とんだ笑い話になったのであるが、地域の人たちの遺跡に対する真摯な思いを知らされた。

閑話休題。この調査でも大きな成果が得られた。政庁の東に並列する築地区画の様相が明ら

図 20 ● **東郭南半部**（南から）
調査区の左右下辺に沿って築地がめぐり、中央奥寄りから木造外装基壇が検出された。

かになったのである（図20）。この区画の呼称については、東区画とするのもなにか味気なく思えたので、東郭とよぶことにした。東郭の規模は、東西が築地基部の外縁間で五九・四メートル（二〇〇尺）、南北は築地の中心から中心で約一〇一メートル、基部外縁間で約一〇三・五メートル。政庁中軸から東築地の基部外縁までは約一〇八メートル（三六〇尺・一町）である。

西築地は、西縁の基部に瓦積列をともなう。西築地の南寄りには郭内の雨水を排水するための暗渠が築地基部を横断して設置されており、このあたりに通用門があったと推測される。南築地の中央には掘立柱建物の小型の四脚門が敷設されている。東郭と政庁郭のあいだは瓦片や小礫が敷き詰められており、通路であったとみられる。

木造外装基壇の検出

重機が表土をめくっていくのを追いかけるよう

図 21 ● 東郭の土坑から出土した灰釉陶器と緑釉陶器
右上が緑釉陶器、ほかは尾張産の灰釉陶器で９世紀中頃のもの。
これ以降のものとくらべると、格段に出土量が少ない希少品。

にして手作業で土の表面を削っていくと、奇妙な遺構がみつかった。L字形に曲がる幅三〇～四〇センチの溝状の遺構で、よくみると溝のなかに幅六～九センチの筋状に色が違う部分がある。さらにていねいに土を削って観察すると、その筋には長さ二五～四〇センチの単位が識別できるところがある。筋状にみえるのは連接して立て連ねられた板材の痕跡だったのだ（図22）。全体が検出されると、この遺構は東西二三・九メートル、南北一三・三メートルの長方形にめぐり、四隅には一五センチ角の角杭が打ち込まれている状況が確認できた。

これが検出されはじめた時点では、板塀の跡ではないかと考えた。しかし、塀とするには囲まれた範囲が狭すぎること、板の痕跡がとぎれることなくめぐっていて入口がみあたらないこと、四隅のほかに板を支える柱がないこと、板列の内側は外側とくらべて土坑などの遺構が希薄であること、東と西に廃棄瓦を埋めるための土坑が掘られていることなどから、これが大型の瓦葺礎石建物の基壇痕跡で、石や瓦ではなく厚板を基壇の外装材に用いた木造外装基壇遺構

図22 ● 木造外装基壇の痕跡
南東コーナーを東からみる。

と判断するにいたった（図23）。

　この基壇は東郭の東西中央の南寄りに位置し、前面は奥行き二〇メートルあまりの広場としての空間となっている。基壇の本体は完全に削りとられてしまっており、基壇上に建立された建物の詳細は不明であるが、柱間が二・七〜三メートル（九〜一〇尺）程度で東西七間×南北四間の規模と推測される。その規模は政庁建物につぐもので、東郭の中心となる建物である。

　また、基壇遺構の南と西から五センチ大の河原石を敷いた石敷遺構が検出され、外周が玉石敷舗装されていたこともわかった。

　全国的にみても木材で外装を整えた基壇はきわめて少ない。もっとも、木造で腐朽しやすく検出が容易でないということもあろうが、いずれにしても基壇の外装様式としては稀であったといってよい。当然のことながら、それらは耐久性に劣るものであり、堅牢な構造が要求され

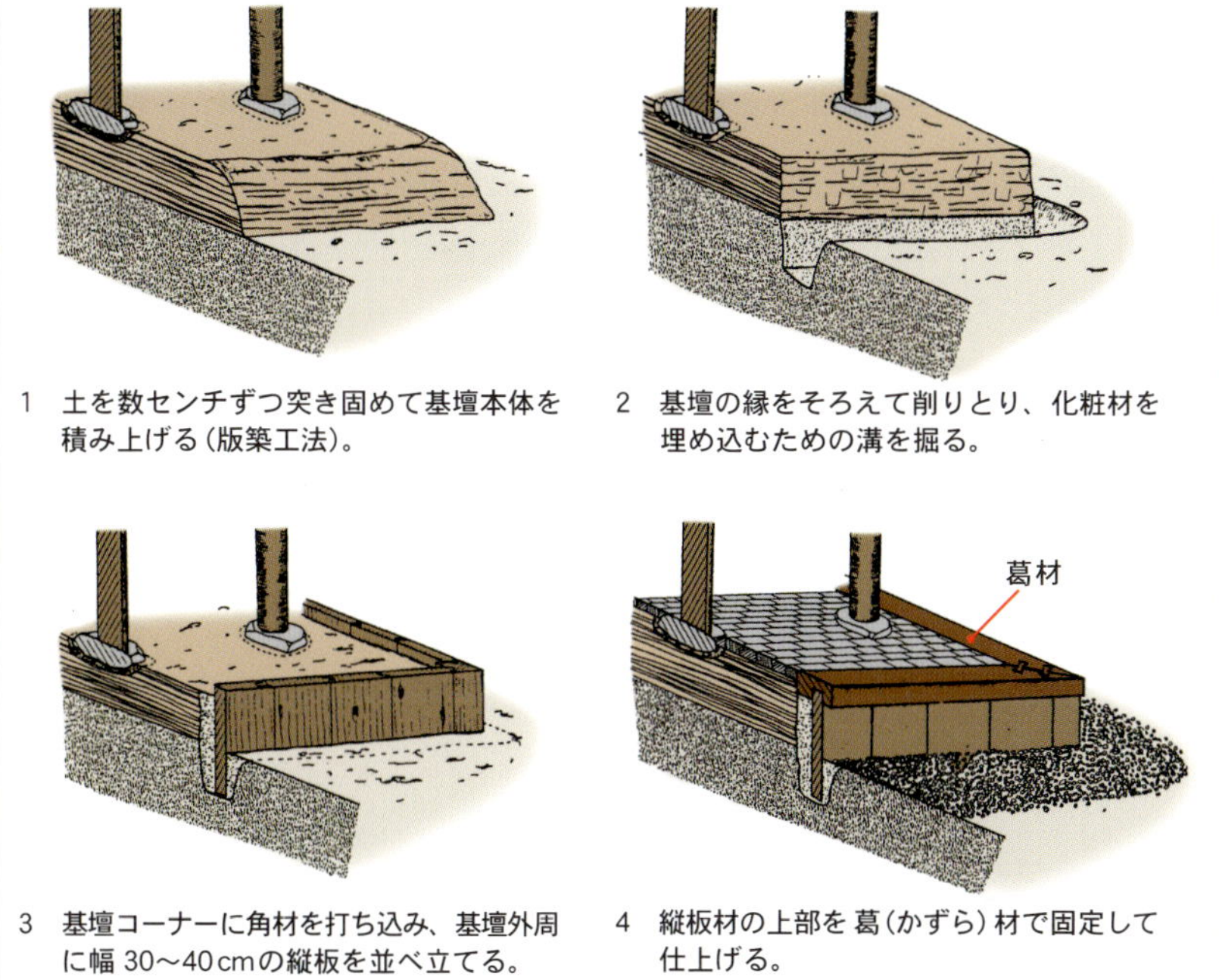

1　土を数センチずつ突き固めて基壇本体を積み上げる（版築工法）。

2　基壇の縁をそろえて削りとり、化粧材を埋め込むための溝を掘る。

3　基壇コーナーに角材を打ち込み、基壇外周に幅30〜40cmの縦板を並べ立てる。

4　縦板材の上部を葛（かずら）材で固定して仕上げる。

図23 ● 木造外装基壇の構築工程想像図

る基壇の建築様式としてはそぐわないように思える。

華麗な基壇

木造外装基壇の実態をうかがわせる興味深い事例がある。奥州藤原氏が造営した岩手県平《ひら》泉《いずみ》の毛越寺《もうつうじ》では、金堂以外の堂宇に木造の外装基壇が採用されており、その木材が遺存していた。また、神奈川県鎌倉にある永福寺《ようふくじ》二階堂の基壇も木造外装である。『吾妻鏡《あずまかがみ》』には、一一八九年（文治五）に奥州に攻め込んだ源《みなもとのよりとも》頼朝が、中尊寺や毛越寺をみたこと、そして中尊寺の大長寿院《だいちょうじゅいん》という二階建ての大堂を模して建立したのが永福寺二階堂であり、それは金銀・宝石で装飾されていたことが記される。おそらく中尊寺や毛越寺の木造外装基壇は絢爛豪華なものであったと思われる。それを頼朝は永福寺でまねたのであろう。

近江国庁東郭基壇の外装は、政庁建物と同様に瓦積様式でつくることは容易であったろう。それにもかかわらず特別に木造としていることから、木材の特長を活かして豪華な彫刻などの贅《ぜい》を尽くした華麗なものであったと想像している。

ところで、瀬田川西岸の石山で生まれ育ったわたしは、一九八二年三月、発掘調査補助員のアルバイトとして国庁の遺構確認調査に参加していた。じつはそのとき、この木造外装基壇の一角を検出していたのだ。そのときも溝のなかに筋状の土色の変化を確認して図面にも描いてはいたものの、さほど気に留めなかった。当時は礎石建物の外周をめぐる雨落溝と解釈されていたように記憶する。ふたたびこの遺構にかかわることになるとは思わなかった。

東郭の構造と変遷

東郭は政庁と同時期の八世紀中頃に造営されたと考えられる。出土した軒瓦の組成を検討したところ、政庁創建堂宇の主体となる飛雲文瓦よりも一段階新しい様相をもつ飛雲文瓦が多く用いられており（図24）、政庁堂宇の造営に後続して東郭の基壇建物が

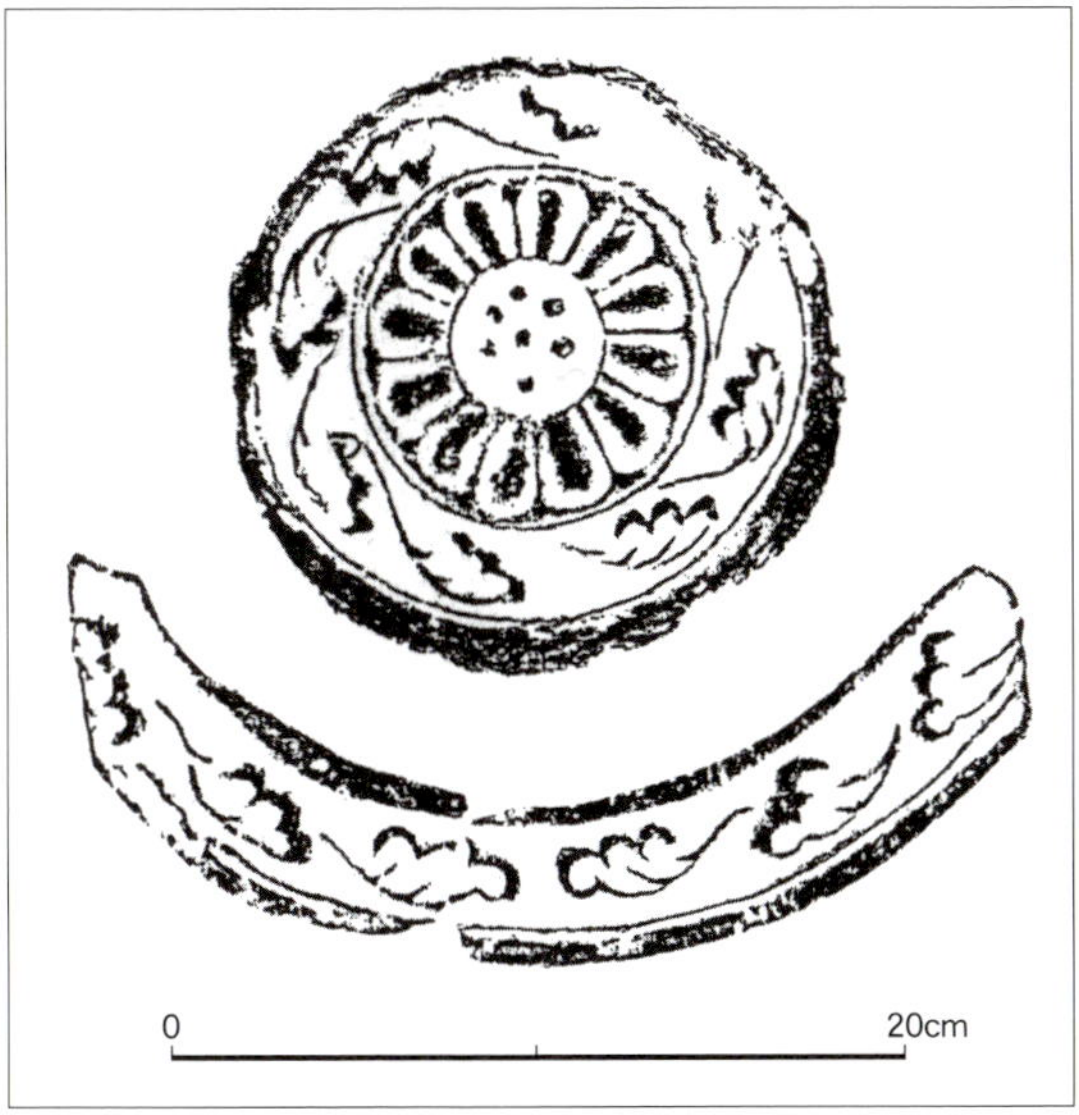

図24 ● 東郭出土飛雲文軒瓦
創建堂宇に用いられたもの。軒丸瓦は蓮弁が12枚で雲が左回りになっており、政庁で多く出土するものよりも新しい様相をもつ。

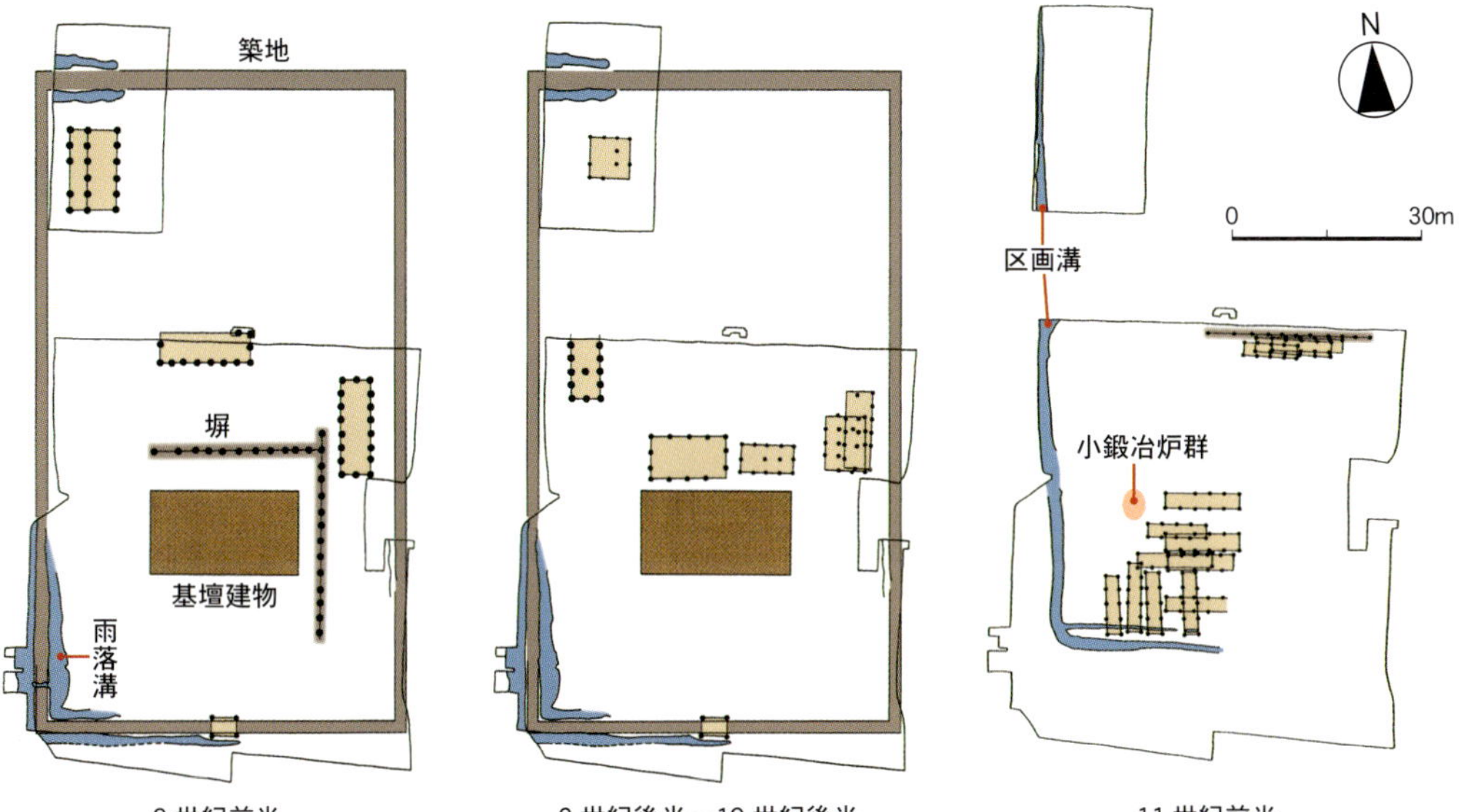

図25 ● 東郭主要遺構の変遷

建設されていることがわかった。

基壇建物の南には広場としての空間が確保され、北と東に掘立柱の目隠し塀をともなう。北側の塀によって郭の内部は南北に分割される。政庁と同様に東郭も九世紀初頭に全面的に改修される。基壇北側の塀以北は再整地され、九世紀前半には大型の掘立柱建物が営まれる（図25）。東郭北半部の八世紀代の建物は、改修時に入れられた整地土の下に隠れており、その様子は確認できていない。

特徴的な遺物として九世紀初頭頃の「厨《くりや》」と墨書された須恵器《すえき》杯身《つきみ》がある（図26）。また、基壇よりも北側からは煮炊きに使われた土器がある程度出土しており、九世紀前半までは木造外装基壇を含めた南半部を儀式や饗宴がおこなわれる儀礼空間とし、北半部は宴会の食事を準備する厨のような、儀礼に際しての舞台裏的施設が配置され、郭内が機能に応じて二分して使用されたとみることができる。

九世紀後半段階には郭内二分形態は崩壊し、これにともなって基壇建物の使われ方も変容したと推測される。そして、政庁と同じく一〇世紀後半代には東郭も廃絶したのであろう。

築地や基壇建物が廃絶した後の一一世紀前半には、溝で区画されたなかに桁行四～五間で梁間一間の細長い十数棟の掘立柱建物群が営まれる。また、これと同時期とみられる小鍛冶炉群

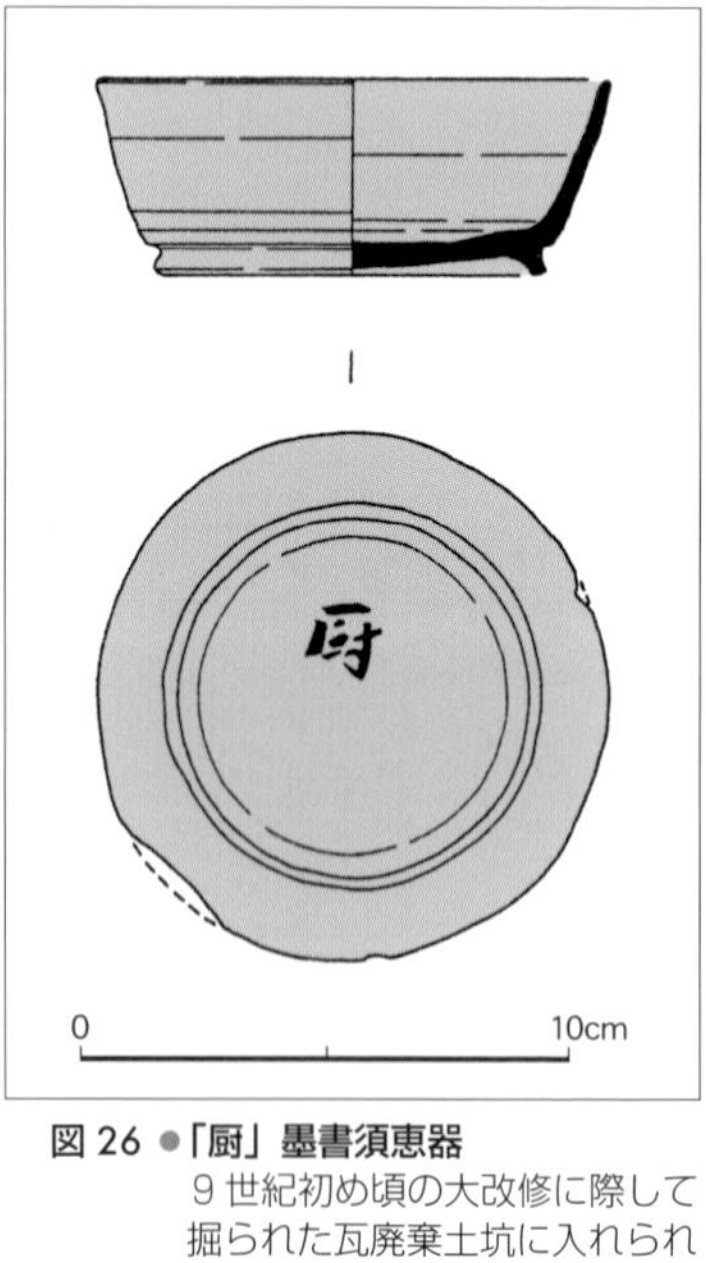

図26 ●「厨」墨書須恵器
9世紀初め頃の大改修に際して掘られた瓦廃棄土坑に入れられていた。

が十数基検出された。

類例のない三郭構造

このように、近江国庁では、政庁の東に隣接して東郭が並置されることが明らかとなった。さらに政庁の西側にも西郭が存在し、水野が想定したように政庁を中心として三つの築地区画を並べているとみられる（図18）。

近江国庁と酷似する政庁プランをもつ伊勢国庁では、政庁の西側に西院と称される区画が確認され、ここでも区画の南寄りに大型礎石建物が造営されている。政庁の構造が似ていることとあわせて、国庁の機能や使われ方を復元するうえで興味深い事実である。しかし、伊勢国庁では政庁の東側の区画はないようだ。

地方官衙の政庁は、基本的に中央官衙である都城の中枢部、すなわち大極殿や朝堂院の縮小版として理解される。藤原宮までは、都城の大極殿・朝堂院は宮の中央一箇所だけであったが、平城宮では中央と東に二つの朝堂院がおかれ、儀式の内容によって使いわけられていたものと考えられている。平安宮では中央に朝堂院があり、西に饗宴用施設としての豊楽院《ぶらくいん》が配置される。このように、平城宮・平安宮では二つの朝堂院施設が並置されるけれども、近江国庁のように三つの中枢施設を並べた類例は、わが国の都城にはみられない。近江国庁の特殊性のひとつである。

南門・中門の調査

二〇〇三年度には、中門から南約八〇メートルの南門推定地の遺構確認調査が実施された。ここは丘陵端にあたり、南門から南へ突出するように通路となるスロープが盛土造成されている。第一次調査当時確認されたという基壇は、後の土地改変によってすべて失われてしまっていたが、部分的に石敷が残り、階段状におかれた石の並びが確認された。国庁の正門として入念に整備されていたことがわかる。

二〇〇四・〇六年度には中門の確認調査がおこなわれた。ここは現状で、政庁郭の南築地筋から南へ張り出す地形が残る部分である。基壇は東西約一四・一メートル（四七尺）、南北約九メートル（三〇尺）の規模に復元され、基壇構築土が修築された様子や、外装の瓦積が転倒したような状況が確認された。

基壇の上面からは、礎石の据え付け箇所とみられる基壇構築土よりも硬くしまった部分が検出され、この位置から中門は東西三間、南北二間の八脚門で、東西の中央柱間三・九メートル、両脇三メートルと推定された。南北柱間は政庁郭南辺築地との位置関係から、二・四メートルほどと考えられている。

なお、南門から中門までの東側には、南北棟を主体とする掘立柱建物群が営まれている。

八世紀前半代にさかのぼる近江国庁は存在するのか

現在確認されている近江国庁は八世紀中葉以降のものであるが（図27）、他国の国庁には八

図 27 ● **整備された近江国庁跡**
奈良時代中頃から平安時代前期頃までの遺構が復元・表示されている。

世紀前半代にさかのぼるものが確実にある。仲麻呂時代以前の近江国庁は存在するのか、もしあるのなら、今知られている国庁遺構の下層に眠っているのか、それともほかの場所に所在するのかが問題となる。これまでの調査所見からすると、まったく否定はできないけれども、下層遺構が存在する可能性は低いように思える。

『延喜式』や『倭名類聚抄』に掲載されている近江国各郡の筆頭は、国府がみつかっている栗太郡ではなく、栗太郡から琵琶湖と瀬田川を隔てた対岸に位置し、都にも近い滋賀郡である。滋賀郡に初期国庁が存在した可能性も考慮する必要があろう。

国庁周辺の官衙

一九六〇年代前半に建設された神領団地は、築後三〇年あまりを経て老朽化が進み、その建替工事にともなう発掘調査が一九九五年度から実施された。

遺構は団地の建設時に相当破壊されていたが、それでも国庁と同時期の大規模な造成盛土層や、掘立柱建物、礎石列などが遺存していた。どの調査区においても瓦が多く出土しているので、瓦葺礎石建物がいくつもあったことはまちがいない。

団地建設当時の様子を知る人に聞くと、掘り返された土のなかに瓦や土器が混じっているのをいたるところでみたという。国庁から三大寺丘陵の西端にかけての一帯には、瓦葺礎石建物を多く備えた官衙施設が所狭しと整備されていたのではなかろうか。

二〇〇六年度には、国庁東郭の東隣において、塀（柵）で区画したなかに掘立柱建物を配置している状況が確認された。東西二町（約二一六メートル）、南北一町弱（約一〇〇メートル）を占める三つの国庁政庁築地区画の外側にも多くの官衙が配置されているのである。

近江国庁発見の影の功労者、菊地夫妻

遺跡発見の端緒をひらいた菊地夫妻とその家族は、第二次調査がおこなわれているあいだ、休憩場所や出土品のおき場として自宅の玄関や物置を提供し、学生や作業員の茶の世話など調査に協力していただいた。とくに夫人は献身的に尽くしてくださった。

尚夫人は、湖国を代表する女流歌人であり、瀬田町文化協会の短歌部で歌の指導にあたっていた。夫人の歌集『山畑集』には、つぎの歌が載せられている。

　楢原の切り開かれし三大寺山埋没文化の層なしゐたる
　千古の遺構発掘さるると技官の肌山土によごれ陽やけし給ふ

前の歌は国庁跡を詠んだもの、後は瀬田廃寺の発掘調査状況を題材にしたもので、技官とはもちろん杉山信三のことである。

一九七二年の冬に夫の敬一氏が逝去。その後を追うかのように、翌七三年の夏八月、尚夫人は亡くなる。会誌『静流』には夫人を悼《いた》む短歌や追悼文が寄せられた。そのなかにつぎの歌がある。

　国府址の保存に献身されし師の偉効は址史と双び輝く　島田藤三

第3章　近江国府の威容

1　みつかった古代の勢多橋

予期せぬ発見

琵琶湖総合開発事業にともなう瀬田川の浚渫工事に先立って、瀬田唐橋の下流部の発掘調査が一九八八年度に始まった。まず、川のなかを鋼矢板で仕切って内部の排水作業にとりかかったところ、いきなり径一五×一〇メートル、高さ一・二メートルもの石の山があらわれた（図28）。前年度の潜水試掘調査で近接地点を掘っていたものの、水中の視界が悪いためこれにはまったく気づいていなかった。

石は人頭大から一抱えできるくらいの大きさの山石である。表面の石の隙間にたまったヘドロのなかには、おもに近・現代の遺物が含まれていた。調査を担当した大沼芳幸《おおぬまよしゆき》は、最初、砂利運搬船が運びきれない石を捨てた跡であろうと思った。ただ、古い遺構の可能性も捨てきれないので、とりあえず写真と図面で記録をとりながら石をはずしていくことにした。

上から石をとっていくと、しだいに一二世紀頃の遺物が目立つようになり、一部に丸太材や角材がみえはじめてきたのである。「これはひょっとすると橋脚の基礎ではないだろうか？」と大沼は思いはじめた。すると、同時に矢板内調査区の沖側でおこなっていた潜水発掘調査区でも同様の石の集積が確認され、その下から丸太材が検出されたのである。

「これは橋脚基礎遺構にまちがいない。橋とすれば勢多橋しか考えられない。しかも時代は平安時代末頃までさかのぼる！」大沼は確信した。

渡来人の技術

さらに石をとり除いていくと、遺構の全容が浮かびあがってきた。遺構は、川の流れに直角方向に丸太材を平行に並べ、その上に長さ六メートルくらいの角材が細長い六角形に組まれていた（図29）。これに石を

図 28 ●あらわれた石の山
石の表面の隙間にたまったヘドロのなかには、おもに近・現代の遺物が含まれていた。後方は現在の瀬田唐橋。

積み上げて固定している。角材の上面には、橋脚の下端を受けるために丸い枘穴《ほぞあな》がうがたれている。橋脚台材の上に、平面配置が長六角形をなす六本の橋脚が立つ特異な形態である。沖側の潜水調査で検出されたものも同様の構造であると考えられた。

これらの基礎遺構から復元された第一橋は、幅八・五メートル、橋脚間の距離一八メートルほどの大規模なものである（図30）。橋の方向は瀬田川と直交し、今の唐橋の下流側八五メートルの位置に架橋されている。

橋脚の造営年代についても新たな知見が得られた。石群の上部には平安時代末頃の遺物が含まれていたが、下部では奈良時代から平安時代中頃の遺物が多く、さらに基礎材の周辺や整地土のなかからは七世紀代の土器が出土した。潜水試掘であげられていた無文銀銭（和同開弥《わどうかいちん》に先行するわが国最古の貨幣）は、沖側橋脚の石群のなかに含まれていたことがわかった。橋を建設したときの地鎮祭でささげられた

図29 ● 六角形に組まれた橋脚基礎
橋脚は掘立柱式ではなく、台材を組んだ上に建てられた。

ものなのであろう。

また、二点の構築材について年輪年代測定をおこなったところ、五四八年と六〇七年という年代が得られた。第一橋は、その造営が七世紀にさかのぼり、壬申の乱の舞台となった瀬田の橋そのものである可能性が高まったのである。

この発掘された橋の東詰には、唐橋の下の竜宮にすむという竜王を祀る社があり、橋守《はしもり》神社ともよばれている。古代橋の位置や記憶を伝承しているようで興味深い。

平面六角形の橋脚基礎は国内ではほかにみつかっていないけれども、朝鮮半島の新羅《しらぎ》の都であった慶州《けいしゅう》の月精橋《げっせいきょう》遺跡に類似例がある。ここでは石造と木造で構築された二つの橋の橋脚基礎が発掘されている。石造のものは、長方形の基礎の上に細長い六角形の舟形をした石組を載せたものである。木造橋は、上流側の端部を尖らせた長五角形に角材を組んで基礎をつくっている。角材の上面には円形の枘穴がある。橋の年代について、木造橋が七世紀中頃〜後半に、石造橋はこれに後続する七世紀後半代に推定されている。

勢多橋第一橋と月精橋の基礎構造が類似し、かつ両者の年

図 30 ● **第１橋の復元**
当時の橋も欄干や擬宝珠を備えていたのだろうか。

代観が近いこと、天智朝に多くの渡来人が来朝していることなどから、勢多橋第一橋の建設にあたっては新羅系渡来人の技術的関与があったと考えられている。

近江国府時代の勢多橋

調査は一九九〇年三月までつづけられ、部分的ながらも古代から中世にかけての四本の橋の橋脚基礎がみつかった。橋の位置は、年代が新しくなるにつれて上流側、すなわち現在の唐橋に近づいていくことがわかった。

第二橋の橋脚基礎は、角材を井桁状に組み合わせたものである。角材を組み合わせた部分の上面には橋脚を固定するための方形の枘穴がうがたれる。つまり、ひとつの橋脚台から四本の橋脚が立ちあがり、これが二基一対で一基の橋脚基礎をなすもので、幅は約九メートルに復元できる。方向は第一橋と同様であるが、位置は一五メートルほど上流側へ移動している。

調査報告書では八世紀段階の橋は第二橋とされているけれども、第一橋は橋脚や上部の構造材の建てかえがおこなわれながらも、橋脚基礎は長期にわたって使われつづけ、近江国庁や国府諸官衙が整備された八世紀代にはその位置を踏襲していたのではなかろうか。後述する古代官道とのとりつき位置の関係からも、こう考えるほうが理解しやすい。

勢多津と市

勢多橋の付近には、勢多津《せたのつ》とよばれた湊《みなと》も開かれていた（図1参照）。『正倉院文書』の七六二年（天平宝字六）の史料から瀬田川水運の様子がうかがえる。これによると、勢多津から院《いんの》津《つ》（石山寺の前にあったとみられる湊で石山津ともいう）や宇治橋、泉津《いずみのつ》（京都府南部を流れる木津川にあった湊）まで建築材を運漕したことがわかる。

国府に運び込まれる物資のうち、水運によるものは勢多津で水揚げされ、山背や大和（平城京）に運ばれるものもいったん勢多津に集積されていたのだ。

湊の近くには市《いち》も開かれていた。同年一二月一九日には造石山院所に盗賊が入る事件がおきた。造石山院所は、勢多庄（造石山院所・勢多庄ともに東大寺の造営を司った造東大寺司の出先機関で、石山寺造営の物資調達にあたっていた）領を派遣して盗難品をとり戻そうとするとともに、国府と「市司《いちのつかさ》」の協力を求めている。

このように、この市は勢多庄や国府と密接にかかわる性格をもち、市司という役人に管理され、公的に開かれた市であったことがわかる。その場所は、勢多橋の東詰の小字「市《いち》ノ辺《べ》」の付近に想定されている。このあたりには多くの人びとやさまざまな物資がつどい、大いににぎわっていたことであろう。

なお、二〇〇六年度に瀬田唐橋から二〇〇メートル左岸下流側の川岸にある市ノ辺遺跡で発掘調査がおこなわれ、奈良～平安時代の溝や掘立柱建物、多量の土器類、銙帯《かたい》（官人が出仕する際に着用した朝服の革帯）の銅製鉈尾《だび》（帯金具）、和同開珎などがみつかった。勢多津や市にかかわる施設かもしれない。

古代官道ルートの見直し

都が京都に移った平安時代以降、東海道・東山道は勢多橋を通過して東向する。しかし、奈良時代には東海道は近江を通っておらず、東山道のルートについては見解がわかれている。ひとつは、足利健亮《あしかがけんりょう》が主張する京都府宇治田原町《うじたわらちょう》を経由して瀬田川東岸を北上する「田原道《たわらみち》」を東山道とみる説。もうひとつは、高橋美久二《たかはしよしくに》が説く宇治・山科《やましな》を経て逢坂山《おうさかやま》を越えて勢多橋を渡るルートである。決着はついていない。

勢多橋第一橋の終焉と第二橋の架橋年代が不確定ではあるものの、古代の勢多橋が現在の瀬田唐橋から七〇〜八〇メートルほど下流側に架けられていたことはまちがいない。この事実は、古代官道（奈良時代は東山道、平安時代は東山道・東海道併用）ルートの解釈についても大きな変更を迫った。

古代の勢多橋遺構が発見されるまで、官道は今の唐橋の位置から東進し、建部神社の前を通って国庁の南門前に通じるとみられていた。この道筋に平行して、堂《どう》ノ上《うえ》遺跡・中路《ちゅうろ》遺跡・青江遺跡といった国府関連官衙遺跡が分布するが、唐橋から東へ官道がのびるとした場合、道

図 31 ● 古代勢多橋から東へのびる道
古代官道を踏襲するとみられる。近くには市も開かれていた。
奥の小高い森が堂ノ上遺跡。

はこれらすべての官衙施設の北側を通ることになる。

　堂ノ上遺跡は勢多駅に推定されている遺跡で、官道がその北背面を通過するのは不自然であった。ところが、発見された古代勢多橋からは現在も東へのびる道があり、この延長には古道の痕跡とみてよい小径や切り通し状の地形がつながっている（図31）。それがみごとに堂ノ上遺跡の官衙遺構の南をかすめることになり、遺跡のあり方とうまく整合したのだ。さらに、この道筋は中路遺跡を貫いて東進し、青江遺跡の北面で北へ折れて国庁の南門にいたると想定された（図6参照）。

　なお、国庁周辺の切り通し地形などから、官道は国庁南門前で、政庁中門へまっすぐのびる朱雀路《すざくじ》ともいうべき政庁連絡道と分岐し、東郭の東を抜けて国庁の北背面で国庁中軸まで戻って北上するとみられる。

2　近江国府の官衙

官道に沿って展開する官衙

　このように、勢多橋から東へのびる官道沿いや、さらに南方の丘陵上には国府に関連する官衙遺跡や古代寺院瀬田廃寺などが集中している。これらの遺跡は、古瓦が散布することで早くから知られていたが、とくに近年、大津市教育委員会が実施している確認調査によって遺跡の内容がつぎつぎと明らかにされてきている。

また、二〇〇九年六月には、国庁政庁から北へ約三〇〇メートル地点、大津市大江三丁目小字真米の推定官道西隣接地で八世紀後半〜九世紀後半の掘立柱建物や井戸がみつかった。瓦も出土しているので、近くに瓦葺建物も存在したようだ。国庁の北方にも大規模な官衙施設が営まれていたことがわかった。

堂ノ上遺跡と勢多駅

勢多橋を渡って東へ四〇〇メートル進むと、官道は瀬田川を望む独立丘陵上の南をかすめる。この丘陵上に堂ノ上遺跡があり、一九七三・七五・七六年度に発掘調査がおこなわれた。

築地で囲われたなかに瓦葺礎石建物の正殿と後殿が南北に並ぶと想定され、その東前面から脇殿とみられる南北棟礎石建物跡が検出された（図32・33）。礎石建物の廃絶後は掘立柱建物に建てかえられている。この遺構の東側においても、かつて瓦積基壇が検出されたようだ。

図32 ● 堂ノ上遺跡の正殿・後殿の雨落溝検出状況（北から）
中央の方形にめぐる溝が正殿、手前の東西溝が後殿の雨落溝。

国庁瓦と同じ笵型でつくられた軒瓦が多く出土し、平瓦や丸瓦には「承和十一年（八四四）六月」の刻印がつけられたものもある。当遺跡は、平安時代中期までは存続したとみられ、勢多駅の可能性が考えられている。

二〇〇八年度の発掘調査では、古代官道の北側溝とみられる溝が検出された。官道は、遺跡が立地する丘陵の南斜面下をかすめ、瓦葺礎石官衙の南面を越えたところで南に張り出す丘陵にかかるようだ。

高低差六メートルほどの斜面を登ったところで、想定路面と重複する一棟の南北棟瓦葺礎石建物がみつかった。桁行二間（六メート

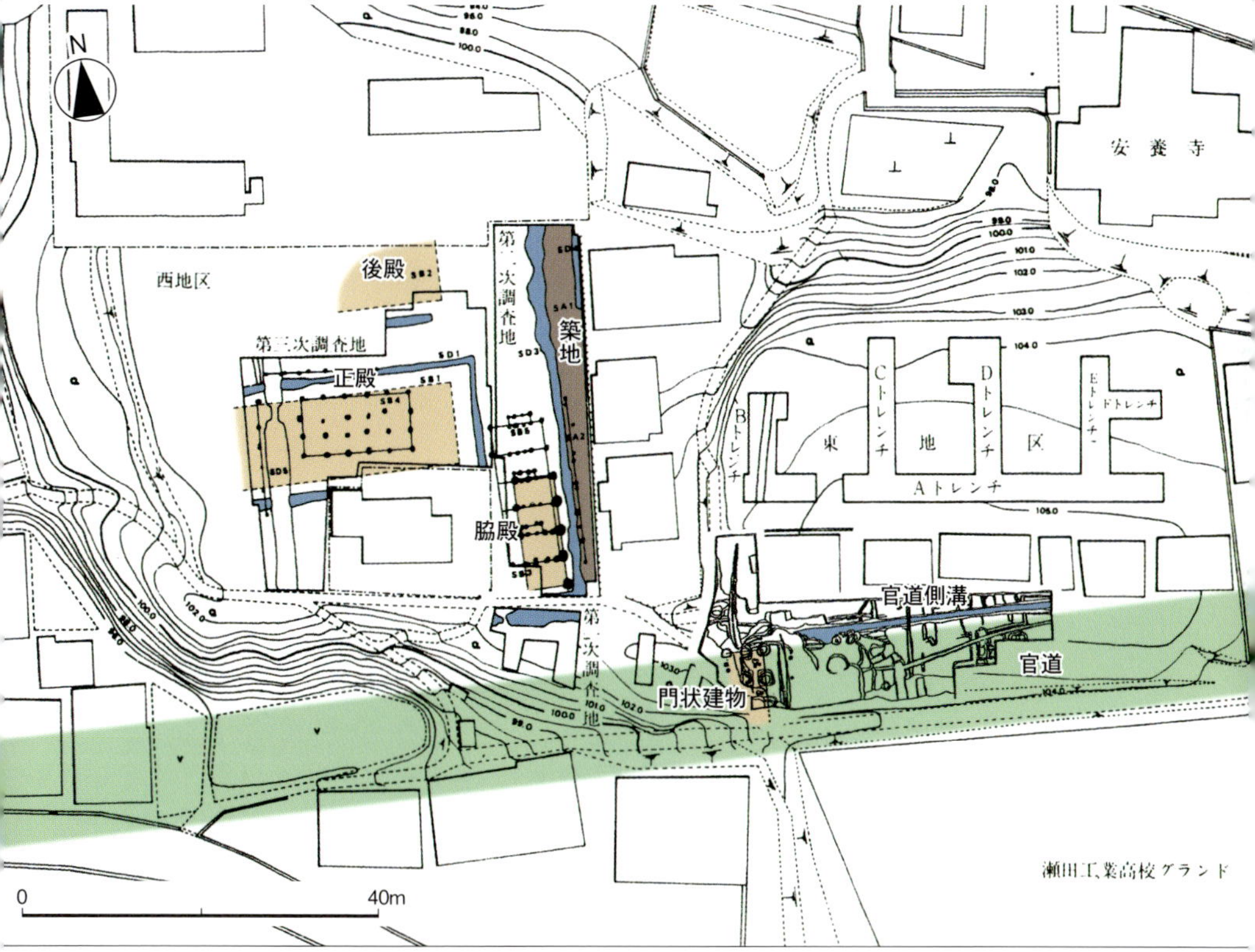

図 33 ● 堂ノ上遺跡検出遺構
瓦葺礎石官衙の南面を官道が通り、官道には門かと思われる特異な礎石建物が設営される。

ル）以上、梁間二間（四・二メートル）の堂々たる建物だ。建物は官道と直交し、北側の柱筋は官道側溝に接する位置にある。

路面と重複する建物は道路とは別の時期のものと考えるのが常である。しかしこの建物は道路と並存した可能性が高いという。とすれば、この建物は道路に設置された門のような施設の可能性が考えられる。

官道に付属し、かつ丘陵端部に造営されている様子から、この建物はここから東に向けての官道沿いに展開する官衙施設群、すなわち近江国府の西玄関を画する門ではないのか。

中路遺跡

堂ノ上遺跡からさらに五〇〇メートル東進すると、想定官道の南側の丘陵先端に中路遺跡が所在する（図34）。

一九九一年度の発掘調査で、官道の南側溝の可能性がある溝が検出され、溝のなかから多量の瓦が出土した。瓦は完形品が多く、九世紀初頭以降のものが多かった。

瓦葺建物があったことはまちがいないが、詳細は長らく不明であった。国分尼寺の候補であった惣山遺跡が発掘調査によってその可能性が否定されてからは、とりあえず内容不詳の中路遺跡がつぎの候補であった。

二〇〇六・〇七年度に遺構の確認調査がおこなわれ、丘陵の縁辺に沿ってL字形に配置された二棟の瓦葺礎石建物が検出された。五間（約一五メートル）×二間（約六メートル）の南北棟と、七間（約二一メートル）×二間（約六メートル）の東西棟である。二棟とも総柱《そうばしら》（柱を方眼状に配置する建築形式）式高床建物で、東西の側柱《がわばしら》の間に二本の床束《ゆかづか》（床を支える柱）を加える構造である。建物は国庁の造営からさほどおくれることなく八世紀後半には成立していたとみられ、九世紀前半頃までは存続したようだ。発見された遺構に寺院跡の要素はなく、国府に関連する官衙施設か倉庫なのであろう。

つづいて二〇〇八年度には、想定古代官道ルートが中路遺跡の立地する丘陵にかかる位置にトレンチが入れられた。調査地点は急傾斜地であるが、官道の側溝とみられる東西にのびる二条の溝が検出された。溝と溝の間は一一〜一二メートルあり、道路面と考えられている。

ところで、遺跡名の中路《ちゅうろ》は小字によるが、変わった読み方である。もとは「なかみち」で、ここを

図34 ● **中路遺跡の7間×2間の東西棟礎石建物**（北西から）
南辺に雨落溝が遺存する。礎石はすべて抜きとられていた。

通っていた官道に由来するのであろうか。

ここを通過して国庁へ通じ三大寺丘陵を南北に横断する官道は、八世紀半ばの国府の整備にともなって新設されたのであろう。それ以前は近世東海道のように、勢多橋を過ぎてからほどなく北東に向かい、丘陵端部をたどる道筋をとっていたと思う。

まったくの想像にすぎないが、この北東へ向かう従前の斜行路が国府整備後も存続していて、勢多橋を渡った官道は、堂ノ上遺跡のあたりで北東へ屈曲するルートと、そのまままっすぐ東へ国庁正面につながるルートに分岐していたのではなかろうか。そして、国庁連絡道ともいうべき後者の官道が「なかみち」とよばれたことはなかっただろうか。

図35 ●「修」刻印瓦（陽刻）
中路遺跡からは「修」字印が押された平瓦が12点出土している。陽刻と陰刻がある。建物の修理を司った官衙の製作になるとみられる。

青江遺跡と朱雀路

中路遺跡から高橋川をはさんで、国庁の真南三〇〇～五〇〇メートル隔てた丘陵上に青江遺跡がある（図36）。遺跡の中央を断ち切って東海道新幹線が東西に走っている。

新幹線よりも北の一九九九～二〇〇一年度調査区（以下、北調査区とよぶ）では、東に門を開く築地区画が検出された。内部はさらに塀（柵）で仕切られ、南東隅に雨落溝をともなう東西棟建物が営まれている。建物は瓦葺掘立柱建物から瓦葺礎石建物へ建てかえられている。ま

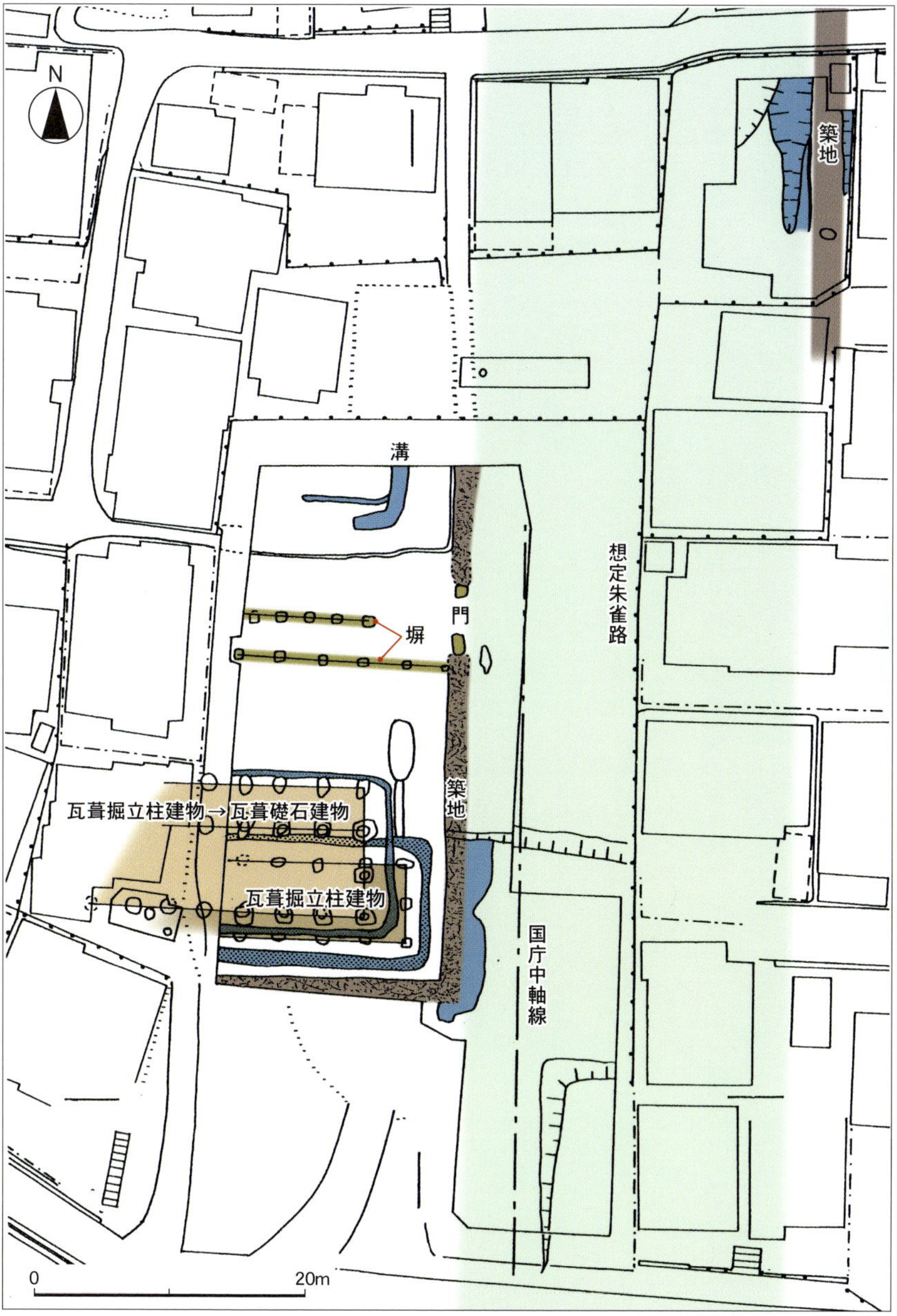

図 36 ● 青江遺跡北調査区検出遺構
二つの築地の間に国庁のメインストリートとしての
朱雀路が通っていたと想定されている。

た、この区画の北東からも別の南北築地遺構が検出されている。
出土した飛雲文軒瓦は国庁東郭創建期のものと組み合わせが共通するので、国庁東郭とほぼ同時に遺跡が造営されたと考えられる。土器・瓦ともに大部分が九世紀前半までのもので、この頃までに遺跡の盛期があったのだろう。

二〇〇四・〇五年度の新幹線の南側調査区からは、桁行九間（一七メートル）、梁間二間（六メートル）の南北棟大型掘立柱建物が検出された。桁行の長さでみると、国庁の脇殿につぐ規模である。この調査区から出土した須恵器杯蓋《つきぶた》に、「天〔カ〕平勝□」と刻書されたものがあり（図37）、天平勝宝年間（七四九〜七五七年）には遺跡が成立していたことがうかがえる。

下野国府《しもつけこくふ》では、国庁から南へのびる朱雀路沿いに国司館とみなされている施設がある。近江国庁の真南に立地する青江遺跡を国司館とみる見解も出されたが、確証はない。

調査担当のひとりである田中久雄《たなかひさお》は、北調査区でみつかった二つの築地の間が国庁から南へのびる朱雀路であると主張する。これが道路であるならば、築地間の距離が二四メートル、道路側溝をかねることになる築地雨落溝を差し引いた路面幅は二〇メートルもあることになる。県内甲良町《こうらちょう》でみつかった古代東山道でも道幅は一二メートルくらいであった。古代幹線道路をはるかにしのぐ破格の規模である。

図37 ●「天〔カ〕平勝□」刻書土器
須恵器杯蓋の内面に、先の尖った道具で刻まれている。

二〇〇八年度には、北調査区の北方、丘陵の北裾部で遺構の確認調査がおこなわれ、ここでも南北にのびる築地が検出された。築地の西雨落溝から西に一三メートルの位置には南北溝があり、この間が田中の指摘する朱雀路の北延長と考えられている。ただし、道幅は一三メートル、溝の端まで含めても二一メートルと田中の想定よりも狭いし、この推定道路遺構の中軸と北調査区の築地間の中心を結んだラインは、国庁の中軸と一直線にはつながらないようである。

この想定朱雀路は、丘陵裾を流れる高橋川を越えたところで、勢多橋から東へのびる官道と合流することとなる。そして、さらに国庁へとつづくのであろうか（図38）。

青江遺跡の北を限る高橋川と国庁南門の間は谷であるが、古い航空写真や国庁第一次調査時の写真をみると、高橋川の北の朱雀路想定地点は一段高い段を形成している状況が認められる。現地に行ってみると、住宅地が建て込んでしまってはいるが、国庁南門へつながるように高さ二メートルほどの段差が確認できた。大津市教育委員会がここでお

図 38 ● 近江国庁から青江遺跡を望む（北西から）
1963 年の国庁第 1 次調査時の写真。中央やや左奥に建つ電柱のあたりが国庁の南門跡。その南側の谷に朱雀路を造成したとみられる段差が青江遺跡に向けてのびている。

こなった試掘調査では、人工的に積みあげられた土層が観察されたという。朱雀路を通すために造成された人工地形なのであろう。

最初、幅二四メートルの朱雀路という話を聞いたときは、まさかと思った。しかし、これらの知見を得た今、幅二四メートルはともかくとして、国庁の南にのびる大規模な朱雀路とそこを行き来する官人たちの姿を想像している。

巨大倉庫列、惣山遺跡

勢多橋から東進する官道は、青江遺跡の北側で国庁へとのびる朱雀路とつながって北へ向きを変えると想定されるが、ここからさらに四〇〇メートル東の丘陵上に惣山遺跡がある。

惣山遺跡には古瓦の散布とともに礎石が残ることが知られており（図39）、奈良時代の近江国分尼寺の候補にもあがっていた。

ところが、大津市教育委員会が一九九六・九七年度におこなった発掘調査で検出された建物遺構は異様なものであった。建物は、桁行七間（二一メートル）×梁間四間（六メートル）で、

図39 ● 里道に露出する礎石
南から3棟めの倉庫のもの。

図 40 ●**南端から 2 棟めと 3 棟めの倉庫**（南から）
ほとんどの礎石が抜きとられている。礎石据付穴が半円形なのは、
遺構保存のため半分を掘り残しているため。

面積が一二六平方メートルもある南北棟総柱式礎石建物である（図40）。四周に雨落溝をともない、屋根には瓦が葺かれていた。総柱建物であることから高床式の倉庫と考えられる。梁間の柱間寸法が短く、かなりの重量物が収納されていたようにも思われるが、何が入れられていたのかはわからない。

国庁と同時期に造営が始まったとみられるが、出土瓦（図41）の様相からすると、瓦が葺かれて建物が完成したのは、むしろ惣山遺跡のほうが早かった可能性が高い。九世紀初めに瓦が葺きかえられているのも国庁と共通する。建物群が廃絶した年代は明確ではない。

建物の規模も傑出しているが、驚かされたのは、なんとこれが一二棟、それも南北三〇〇メートルにわたって一直線に連なっていたことだ（図57参照）。一番北の倉は国庁の中門から真東に四二〇メートルの地点に位置する。この場所は丘陵が谷筋へ移りかけて地勢が低くなる部分であるが、わざわざ丘陵を北へ張り出すように大がかりな造成工事をおこなって、建物を建てている。この倉庫列が国庁と密接な建設プランのもとに造

図41 ● 惣山遺跡出土飛雲文軒瓦
惣山遺跡からは、近江国府で使われた飛雲文軒瓦のうち、もっとも古いタイプのものが多く出土した。軒丸瓦の直径 15.6 cm、軒平瓦の幅 23.6 cm。

営されたことと、一二棟の倉を南北に直列配置することへのこだわりがわかる。

なぜ一二棟必要だったのか。調査を担当した田中久雄は、近江国に設置された一二の郡に対応するのだという。郡ごとに倉が割り当てられ、それぞれの郡から納められた租税が収納されていたのだろうか、想像はふくらむ。

また、これだけ大規模な倉庫群であるのに、築地や掘立柱塀、溝などの区画施設をともなっていないことも不思議だ。勢多橋を渡って国庁へ向かう人びとは、正面の丘の上に城壁のように立ちはだかる巨大倉庫列をいやおうなく目にしたはずである。

野畑遺跡と造東大寺司領勢多庄

野畑《のばたけ》遺跡は瀬田廃寺西方の丘陵上から瀬田川にかけて広く展開する。一九八一年度から一九八三年度の発掘調査で、国庁建物と方位を同じくする掘立柱建物や井戸、平安時代前期の瓦窯などがみつかった（図42）。

図 42 ●野畑遺跡の平安前期の瓦窯
床面につくった火道によって炎をみちびく、有牀式の平窯。

出土品には、木簡《もっかん》、人形《ひとがた》、土馬《どば》、斎串《いぐし》、木沓《きぐつ》、「国分僧寺」と墨書された須恵器（図43）、二彩陶器、漆塗り椀などの特徴的なものが多くある。出土した土器の年代観から、国庁の造営よりも若干早い八世紀第2四半期に成立し、九世紀にかけて国庁と関連する施設が営まれたとみられる。

七六一・七六二年（天平宝字五・六）におこなわれた石山寺大増改築の拠点であった、造東大寺司領勢多庄に想定する見解が出されている。

図43●「国分僧寺」墨書土器
須恵器杯身の底部外面に墨書されている。

3　国府に関連する寺社

瀬田廃寺

国庁の南西約五〇〇メートル、野畑遺跡の東方の丘陵上にある寺院跡で、一九五九年の調査では、塔と金堂が南北に並ぶ四天王寺式伽藍配置であることが確認された（図44）。金堂の西には僧房がある。金堂・塔・僧房ともに瓦積基壇を備える。軒瓦には国庁と同笵のものが多い。塔は心礎と四隅に五個の礎石のみを配置する特異な構造で（図45）、礎石は火災にかかり表面が剝離しているとされる。塔周辺からのみ平安時代初期にくだる瓦が出土しており、この頃に塔だけが改修されたらしい。

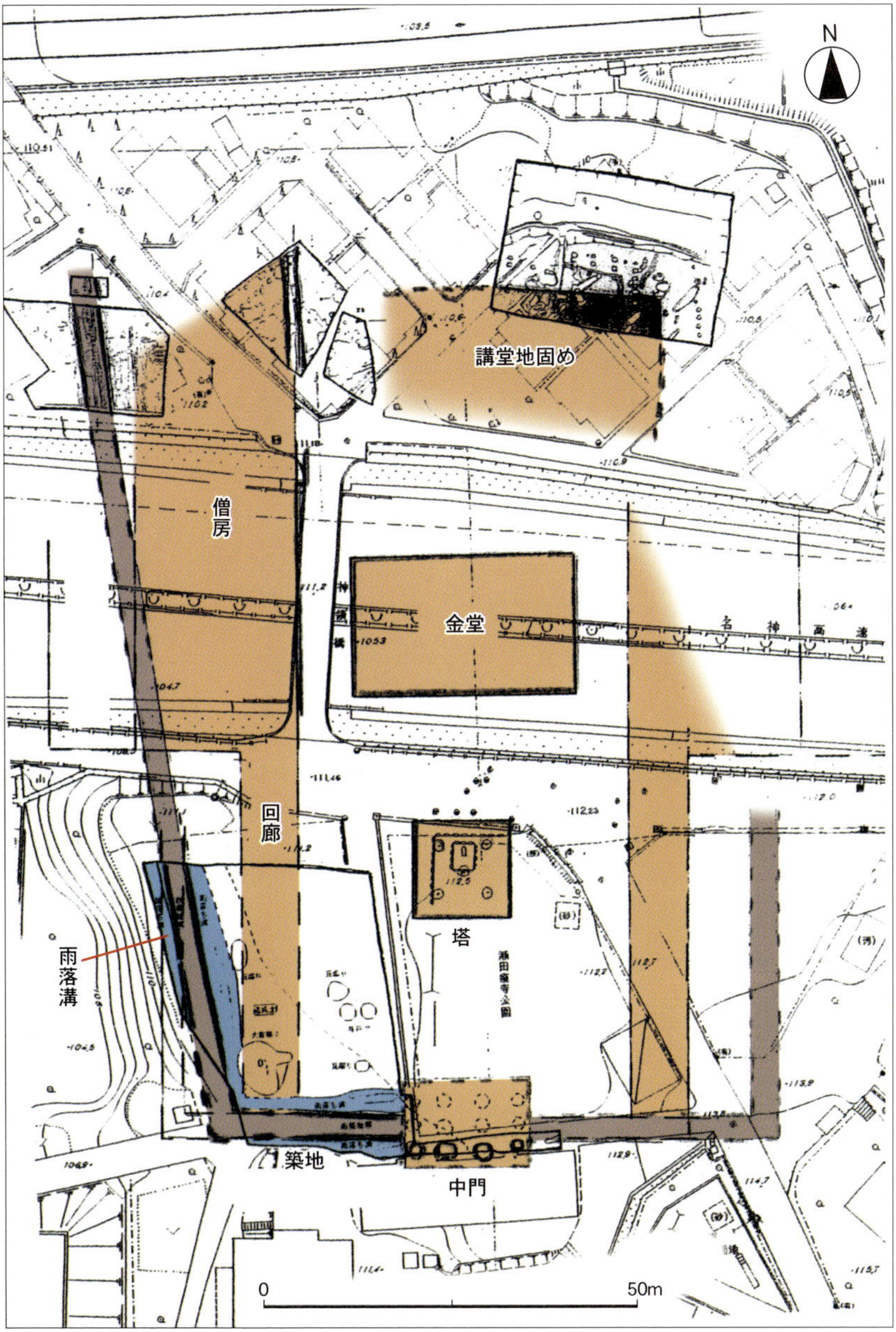

図 44 ● 瀬田廃寺遺構図
塔・金堂・講堂が南北に配される四天王寺式伽藍配置。
2006 年度調査では、回廊は確認されなかった。

二〇〇〇・〇四年度には金堂の北から講堂の地固め跡が検出された。二〇〇六年度の調査では、塔の真南に位置する中門跡（図46）や、門にとりつく築地がみつけられた。中門は東西三間、南北二間の八脚門と考えられ、中央の柱間が五・一メートル、両側の柱間四・五メートルの巨大なものである。礎石は失われていたが、掘立柱式から礎石式に改造したとされる。

当廃寺は古くから、『日本紀略』に七八五年（延暦四）の火災で全焼したと記される奈良期の近江国分寺の候補であった。もうひとつの候補が、国庁から南東に直線で一六キロ離れた「史跡紫香楽宮《しがらきのみや》跡」（甲賀寺《こうかでら》跡）の寺院遺構である。近年の調査で、この伽藍が八世紀後半〜末頃の火災で廃絶している状況が確認された。瀬田廃寺が国分寺であるなら、全焼の痕跡が認められず、塔が平安初期に修復されているのは矛盾するとし、「史跡紫香楽宮跡」の寺院遺構が七八五年に焼失したとされる近江国分寺とする見解が出されている。

瀬田廃寺が国分寺であるか否かはともかくとして、近

図 45 ● 瀬田廃寺塔跡
礎石が 5 個しか用いられていない特殊な構造である。

江国府に関連する寺院であることは疑いない。国司がとりおこなう仏教行事をになっていたのだろう。

建部神社

建部神社（建部大社）は、三大寺山の西端から高橋川をはさんだ西側に鎮座する。1章で述べたように、米倉二郎は、この神社が国府域の南西を画すると推定した。近江一宮《いちのみや》の社格を有し、主祭神として日本武尊《やまとたけるのみこと》を祀っている。日本武尊は、景行《けいこう》天皇の代に国土統一のため東奔西走して軍事的に活躍した悲劇的英雄として神話に語られる。

社伝『神縁年録』によると、もとは湖東の神崎郡建部郷《かんざきぐんたけるべごう》にあったのが、六七五年（天武《てんむ》天皇四）に湖をくだって栗太郡勢多郷に着き、現社地から三町（約三〇〇メートル）あまり東の大野山頂に遷座したという。社伝にあるこの遷座地は国庁政庁の近傍になる。

その後、七五五年（天平勝宝七）に建部公《たけるべのきみ》伊《い》賀麿《がまろ》によって今の場所へ移されたという。この建部公伊賀麿は、『続日本《しょくにほん》紀《ぎ》』天平神護二年（七六六）条に滋賀郡（大津市の琵琶湖・

図46 ● 瀬田廃寺の中門検出状況
柱穴は最大のもので直径が2.6mある。

瀬田川西岸地域）の軍団の大毅《だいき》（長官）としてみえる実在の人物である。

このようなことから、当社はヤマト政権が設置した軍事集団である建部を率いた豪族建部君氏の氏神として創建されたと考えられている。

現在の社地に移った正確な年代は不明であるが、瀬田橋に近い交通・軍事上の要衝で、近江国統治の中枢である国府の一角に位置していることは、建部神社が近江国全体の鎮守としてこの地に遷座されたことをうかがわせる。

従来の国府像の見直し

周防国府や近江国府の調査・研究成果を受けて、方形方格国府域の所在と規模の考究が盛んに展開された。しかし、一九七〇年代以降、いくつかの国庁遺構がみつかってくるにつれて、従来の国府像に対

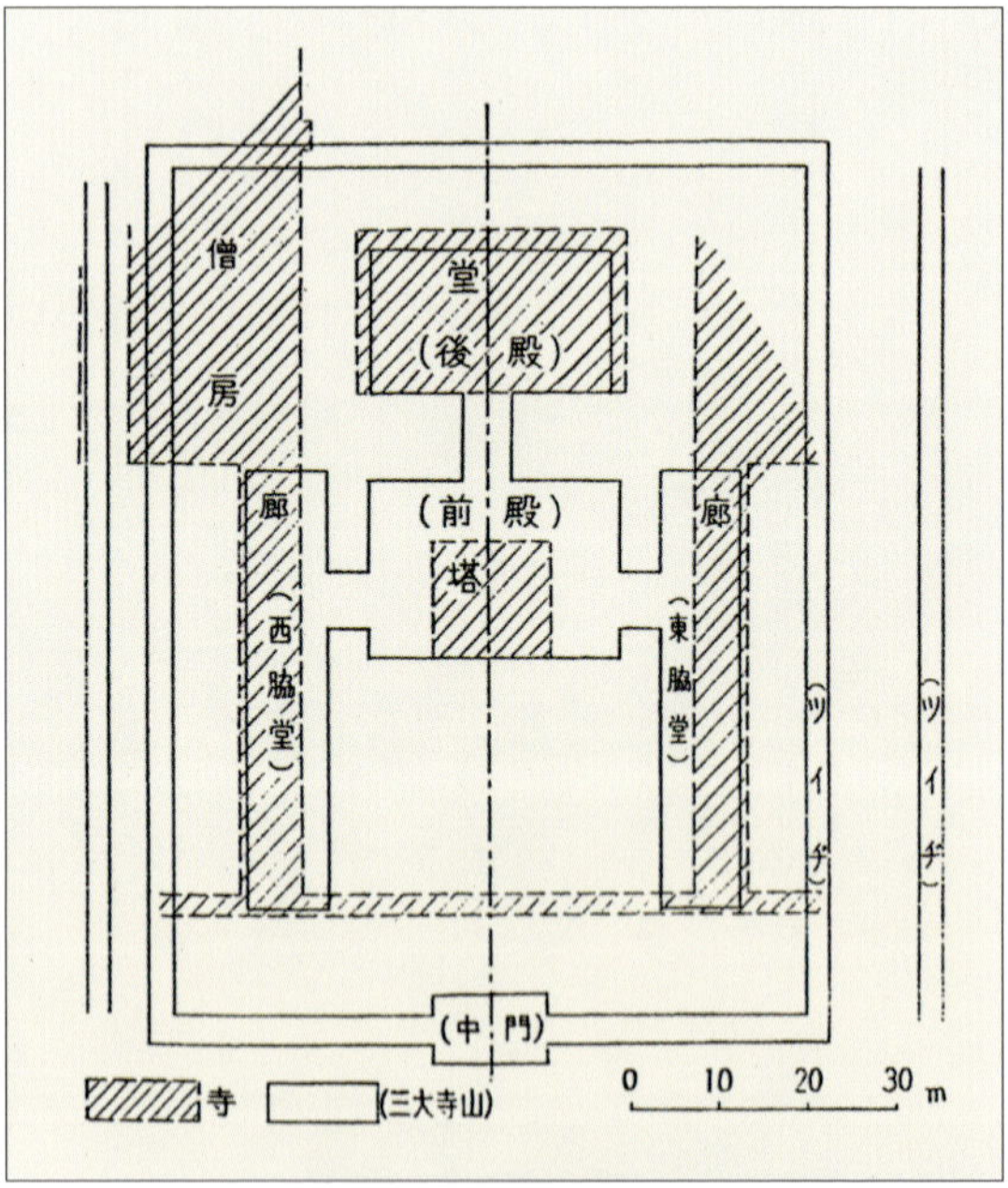

図47 ● 杉山信三による瀬田廃寺と国庁政庁との比較図
瀬田廃寺と近江国庁政庁の建物配置をくらべた杉山信三は、造営基準寸法や建物配置プランに共通点が認められることから、両者が同時に造営されたと指摘した。

図48 ● 瀬田廃寺から出土した金銅製飾り金具
透かし彫り文様をもち、繊細な毛彫りも施されている。長さ19cm、厚さ1mm。

しての疑問点が浮かびあがってきた。

まず、三坂圭治によって想定された周防国府の方八町の国府形態は、中世以降に形成されたもので、古代にさかのぼらないことが発掘調査によって明らかになってきた。下野・伯耆・肥前国府などにおいても、国府域のすべてを一町方格の街路で区画しているような状況は認められず、都城の場合と違って国庁に関連する官衙は分散して配置されていることがわかってきた。発掘調査で判明してきた国府のあり方は、方形方格で一町単位の整然とした地割を備えた都城のミニチュア版ではないことが、考古学の立場から主張されたのである。

近江国府関連遺跡も方八町ないし九町で想定されていた国府域からはずれて、国庁よりも南側に集中することは明らかだ。

金田章裕は米倉二郎が示した近江国府域想定の根拠に検証を加え、つぎのように結論づけた。古代勢多橋の位置が判明したことにより、近世東海道の四町ごとに屈曲するルートは古代までさかのぼり得ない可能性が高い。国府四隅の神社の起源が八・九世紀に直結するとは限らない。国府南西隅での高橋川の人為的屈曲は、近世東海道・中山道のルートや現在の瀬田唐橋の位置とともに、織田信長による一連の整備工事の結果と考えられる。推定国府域内の方格地割は、国府の都市計画に由来するものではなく、むしろ条里地割とみるべきである。

そして、近江国府は谷底を東西に直線的にのびる官道を中軸として、これに沿う丘陵上に瓦葺の国府関連官衙諸施設が配置されたものと復元した。その景観は、丘上の甍群が強烈な威容をもって見上げる人びとを圧倒したであろうと結んでいる。

4 国府周辺の生産遺跡群

鉄・須恵器生産

滋賀県北部・西部・南部の山麓部には、古墳時代後期から奈良時代にかけての製鉄遺跡が多く分布する。発掘調査で確認された製鉄炉は、いずれもバスタブのような形をした長方形箱形炉である。また、すべての遺跡で鉄鉱石を製鉄原料に用いていることが大きな特徴で、中国や朝鮮半島からの技術系譜が指摘されている。

瀬田丘陵からその南の田上山麓《たなかみ》にかけての地域では、七世紀前半に須恵器窯が営まれはじめ、七世紀後半になると製鉄遺跡が出現する（図49）。その後、八世紀半ばまで製鉄や須恵器生産が盛んにおこなわれていた。瀬田川西岸の南郷《なんごう》丘陵でも七世紀中頃から八世紀後半頃にかけて製鉄炉や須恵器窯が操業していた。

瀬田丘陵の製鉄遺跡には、規模・内容ともに傑出したものがみられる。たとえば、丘陵北東部に所在し、八世紀前半に操業された木瓜原《ぼけわら》遺跡では、製鉄炉のほかにも鍛冶場や木炭窯、梵鐘鋳造遺構、須恵器窯などがセットで検出され、さながら古代の熱産業総合コンビナートとでもいうべき様相を呈している。

大規模官営製鉄炉、野路小野山遺跡

木瓜原遺跡の北西一・五キロにある野路小野山《のじおのやま》遺跡（図50・51）は、国道一号京滋バイパス

図 49 ● **生産遺跡の分布**
瀬田川両岸の丘陵部には、古代の生産遺跡が集中する。

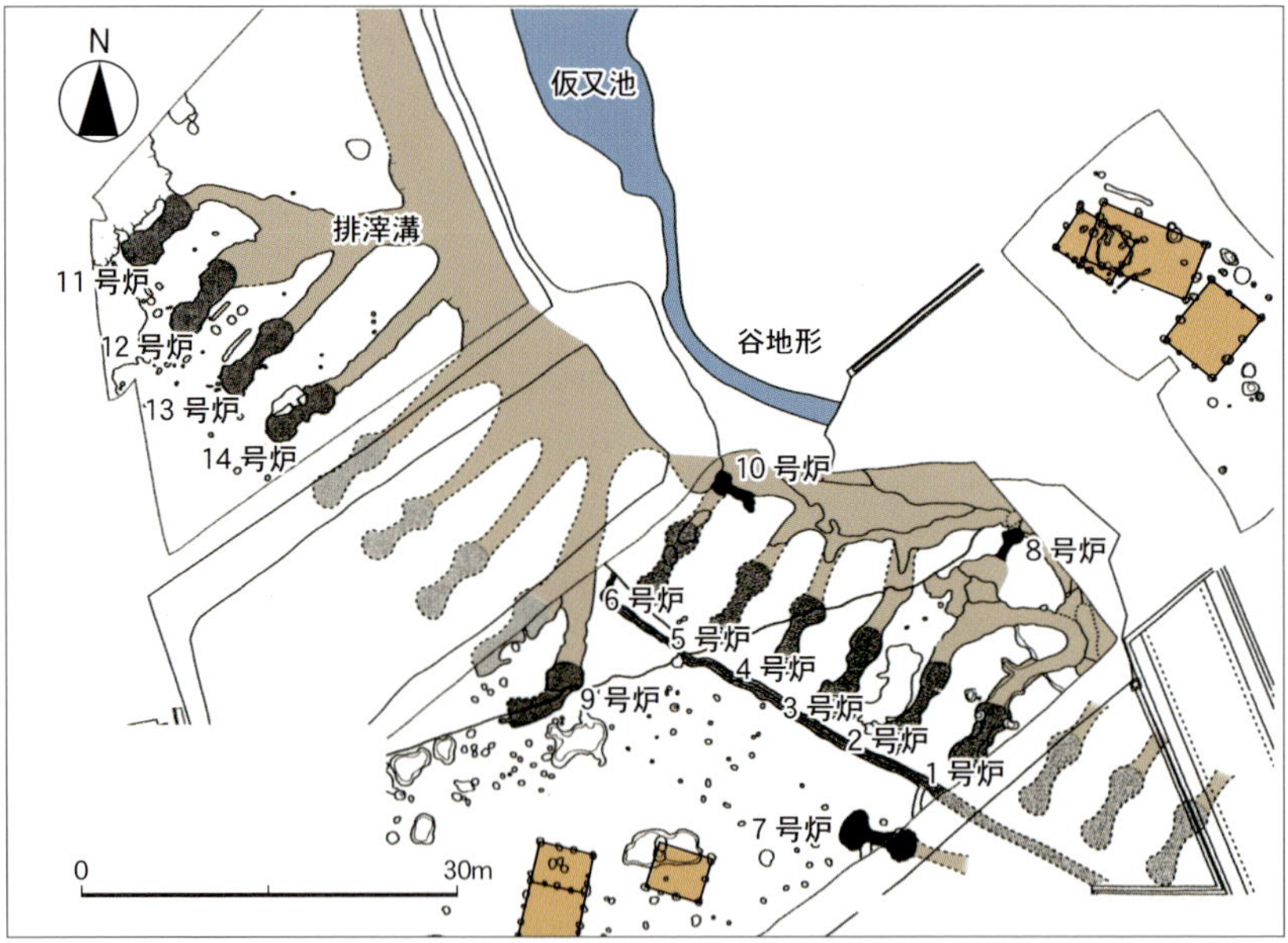

図 50 ● 野路小野山遺跡の製鉄炉群（上）**と並列する製鉄炉**（下）

調査区外にも製鉄炉が存在するとみられ、1 グループが 8 〜 9 基前後、遺跡全体では 20 基を越える製鉄炉が営まれていたと推測される。下は、2005 年度に検出された 11 〜 14 号製鉄炉。それぞれの炉から製鉄作業中に出る不純物を流した排滓溝が合流しているので、4 基の炉が同時に操業していたことがわかる。

の建設にともなって、一九七九・八〇・八三年度に発掘調査され、奈良時代の長方形箱形製鉄炉一〇基、木炭窯六基、鍛冶炉のほか、工房に推定される掘立柱建物や柵で囲まれた管理棟ないし倉庫とみられる掘立柱建物などが検出された。

八世紀中頃の一～六号製鉄炉は、区画溝で画されたなかに方向を揃えて横一列に等間隔で計画的に整然と配置されており、同時操業されたと考えられている。位置が不揃いな炉のうち、九号炉は一～六号炉と同時期、七・八・一〇号炉はこれらに先行するとみられている。

二〇〇五年度の確認調査では、一～六号炉の北西側で、新たに並置された四基の製鉄炉（一一～一四号炉）がみつかった。一～六号炉とは方向が異なるので別グループを構成するのであろう。

炉を六基以上も並列させて同時に稼動させるような事例は古代ではほかに例がない。近江国庁あるいは、それより上位の中央政府が経営した官営製鉄工房なのであろう。年代的にみて、紫香楽宮や近江国府の造営に必要な鉄を生産したとみられ、さらに恭仁京《くにきょう》、平城宮、平城京内の寺院などにも供給していた可能性もある。

図51 ●野路小野山遺跡の復元模型

横尾山古墳群

名刹石山寺から瀬田川をややくだった東岸の南向き斜面に横尾山《よこおやま》古墳群（図52）があったが、国道一号京滋バイパス工事で消滅した。この古墳群は七世紀中頃に造営が始まる古墳時代終末期のもので、切石ふうの石室を備えたものや、須恵質や土師質の陶棺が副葬された古墳がある。鉄滓や鋳帯の銅製鉈尾、和同開珎なども出土している。

当古墳群は、新来の中央官人もしくは官人化した地方豪族層によって営まれた氏墓とみられる。陶棺や鉄滓の出土は、被葬者の一族が須恵器生産や製鉄に関与していたことを示している。瀬田丘陵周辺の製鉄・製陶遺跡は、近江国府が瀬田におかれる以前から官営の施設として操業されていたのであろう。

南郷田中瓦窯

近江国府の関連施設で用いられた瓦は膨大な量であった。当然、瓦窯も多く営まれたはずである。瀬田川西岸の丘陵部に位置する南郷田中瓦窯《なんごうたなかがよう》（図53）では、平安時代前期に操業していた二基の平窯がみつかった。ここで焼かれた瓦は、国庁をはじめとする近江国府関連遺跡のほ

図52 ● 須恵質陶棺が納められた古墳
寄棟屋根形の棺蓋をともなう。7世紀中頃のもの。

かに、瀬田川西岸の石山国分《いしやまこくぶ》遺跡や、北に一一キロ離れた南滋賀町廃寺にも供給されている。

なお、南郷田中瓦窯の南一キロには、近江国府創建期の八世紀半ばから八世紀後半にかけての須恵器窯が集中する山口遺跡が所在する。

飛雲文瓦を焼いた窯はどこに

近江国府の創建堂宇の甍を飾った飛雲文瓦はどこで焼かれたのであろうか。野畑遺跡で発掘された平窯を飛雲文瓦の焼成窯とみる見解がある。しかし、この瓦窯の焼成室から出土した丸瓦は、飛雲文軒丸

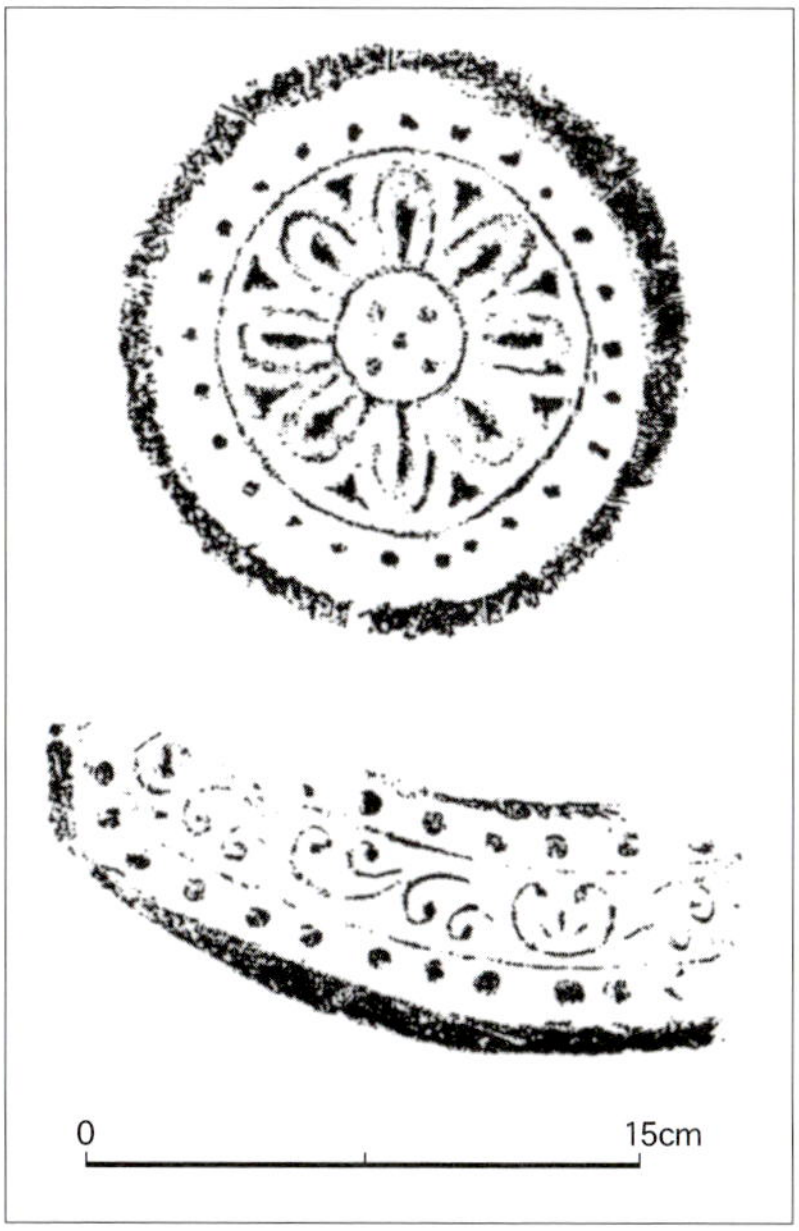

図53 ● **南郷田中瓦窯1号窯**（下）**と出土した軒瓦**（上）
1号窯は平安時代前期の有牀式平窯。平安時代前期の軒丸瓦4種、軒平瓦2種が出土している。

瓦と組み合う横置型成型台を用いた一本づくり丸瓦ではない。瓦窯の構築に使われている瓦も同様のものである。このことから、野畑遺跡の瓦窯で飛雲文瓦が焼かれた可能性は低く、この窯は国府創建期よりもおくれて平安時代前期に操業されたと考えられる。

飛雲文瓦焼成窯をはじめとして近江国府所用瓦を焼成した窯の多くは、未発見のまま国府からさほど遠くないところに眠っているのであろう。

5　藤原仲麻呂と保良宮

保良宮の造営と石山国分遺跡

七五九年（天平宝字三）淳仁《じゅんにん》天皇の都である保良宮《ほらのみや》の造営が始まった。これは唐の複都制にならって南京《なんきょう》の平城京に対して保良宮を北京《ほっきょう》とするもので、仲麻呂の建議によると考えられている。七六一年（天平宝字五）一〇月一三日には孝謙《こうけん》上皇と淳仁天皇が宮へ行幸し、二八日には平城京の改作のため保良宮へ遷都するとの詔が公布された。

しかし、七六二年（天平宝字六）、孝謙上皇の弓削道鏡《ゆげのどうきょう》（法相宗《ほっそうしゅう》の僧）への寵愛をめぐる不和から、天皇と上皇ともに平城京へ戻ってしまう。道鏡は保良宮で孝謙上皇を看病したことから、その寵愛を受け権勢をふるうようになっていた。淳仁天皇と孝謙上皇の対立は、その背後にある仲麻呂と道鏡の対立を意味する。そして、都は未完で終わったようだ。

保良宮の位置は、瀬田川西岸の大津市国分の台地上から石山市街地付近に推定されており、ちょうど勢多橋に向けて東に張り出す台地の上に石山国分遺跡が立地する（図54）。

瀬田川を望む台地の東端には白鳳瓦が分布するので、『日本紀略《にほんきりゃく》』に焼亡した国分寺に替えて八二〇年（弘仁一一）に国分寺格が与えられたとある持統朝創建の国昌寺《こくしょうじ》が存在したと考えられる。ここから西へ三〇〇メートルほどの地点から、保良宮と同時期の築地雨落溝や道路側溝とみられる遺構、七間×二間の大型東西棟掘立柱建物跡などが発掘された。瓦も多く出土し、八世紀半ばすぎのものには、平城宮で用いられたものと同じ笵型で製作されたものや、その系譜を引く文様がつけられた軒先瓦が目立つ。この遺跡が保良宮にかかわる官衙施設、もしくは高級官人の邸宅である可能性は高いといえる。

しかし、宮殿クラスの堂宇は未発見であり、また、調査地付近の地勢からは広い平坦地が確保できないという問題点もある。宮室の位置については、石山市街地を含めて周辺地域での今後の調査成果も待ってさらなる探求が必要である。ともあれ、みずからの領国のごとき近江に宮都を誘致し、瀬田川をはさんで東に近江国府、西に保良宮を対峙させるという仲麻呂の壮大な構想と野心がうかがえよう。

図54 ●石山国分遺跡の築地遺構
築地の基礎部分の幅が３～3.5ｍあり、格式の高さがうかがえる。

反乱勃発

仲麻呂と道鏡との対立は深まり、七六四年（天平宝字八）、仲麻呂はついに反乱をおこした。孝謙上皇に兵を向けられた仲麻呂は、京都府宇治から山科、逢坂山経由で近江へと逃れる。ところが、追討軍は、宇治田原から北東に進んで大津市大石のあたりで瀬田川の東岸へ出る「田原道」をたどることで仲麻呂軍に先回りして瀬田に到着し、すでに勢多橋を焼き落としていた。

反撃の拠点にと考えた近江国府を目前にして、これをみた仲麻呂は色を失い、息子の辛加知《しかち》が国守を務める越前国府へ向かって湖西を北上する。途中、高嶋郡角野《つの》郷（現高島市今津町の一部）の前少領《さきのしょうりょう》角家足《つののいえたり》の邸宅に宿泊している。

湖東平野を走ったと思われる追討軍は、仲麻呂の先を越して越前国府を落とし、愛発関もおさえる。仲麻呂軍は越前へぬけることができず撃退され、逆に湖西を南下して敗走する。高嶋郡勝野の鬼江（高島市高島町勝野の乙女ヶ池付近）で、仲麻呂は妻子や徒党らとともに斬られて散った。

高島市今津町《いまづちょう》日置前《ひおきまえ》にある日置前遺跡は、奈良時代の高嶋郡衙推定遺跡である。このあたりは仲麻呂に宿を提供した角《つの》氏の本拠地で、日置前遺跡の西に隣接して角氏の氏寺と考えられる日置前廃寺が所在する。ここでは、飛雲文軒平瓦（図55）や近江国府と同様の一本作り技法でつくられた丸瓦が使われている。

角氏については仲麻呂が手に入れた鉄穴の管理・経営をおこなっていた可能性が指摘されて

図55 ● 日置前廃寺出土飛雲文軒平瓦

おり、このような仲麻呂との友好関係によって、角氏に近江国府付属瓦工房の工人あるいは作瓦技術の提供がなされたのであろう。

関津遺跡と「田原道」

二〇〇六年、大津市関津遺跡《せきのつ》（図56）から、幅一五メートル、両側の側溝の中心から中心までの距離で一八メートルの道路遺構が発見されたと報じられた。この道路は八世紀中頃から九世紀中頃にかけて機能していたとされる。周辺には官衙ふうの掘立柱建物群が展開し、平城京系の土器・獣形硯・帯金具など、特殊な物品が出土している。

検出された道路遺構は、仲麻呂の乱の際に追討軍が通った「田原道」である可能性が説かれている。しかし、その規模は東山道をも凌駕する。金田章裕は、これが「田原道」の一部に相当することを認めつつ、保良京が瀬田川の両岸にわたって存在したと想定し、その京域に関津遺跡が含まれ、道路遺構も保良京とかかわる可能性を指摘する。

図56 ● 関津遺跡と「田原道」
南から瀬田丘陵を望む。

第4章　近江国府の盛衰

1　権威の象徴

林立する瓦葺礎石建物

瓦葺礎石建物は当時の最高の建築技術を必要とするもので、その造営にあたっては膨大な労力と経費が費やされる。その存在そのものがステータスシンボルであった。

多賀城（陸奥国府）や下野国府、伊勢国府など、大国や上国の国府では瓦葺礎石建物が確認されている。しかしそれは政庁に限られるか、ほかにあってもごく一部の施設に採用されるにとどまっている。中・下国の国府においては、むしろこれがみられない場合が多い。

近江国府では、国庁とその周辺、また官道に沿って設置された官衙など、軒並に礎石建ちで瓦屋根を備えた豪壮な堂宇が整備されていた。このような状況は他国の国府ではみられない。これらの官衙群は八世紀中頃、いっせいに建設されたと考えられる。時の近江国守、藤原仲麻呂の強力な指揮のもと造営工事が進められたのであろう。

官衙配置と視覚効果の演出

また、これらの近江国府関連施設は独特の景観を形成している。大規模で異国ふうの特殊な構造をもつ勢多橋を渡って堂ノ上遺跡にいたる。ここでは官道の上、西からみあげる位置に門がそびえるように建っていたのかもしれない。ここから東へ国庁にいたるまでには、中路遺跡や青江遺跡の瓦葺礎石建ちの官衙建物群をみあげながら進むことになる（図6参照）。

さらに前方の丘陵上には、惣山遺跡の一二棟の大倉庫列が、行く手をさえぎるかのように横一列に連なっている（図57）。国庁の南で右側の青江遺跡からのびる朱雀路とつながり、ここを北へ左折すると、正面の丘陵にと

図57 ● **惣山遺跡倉庫列の復元**
西面する壁のように連なる倉庫列（大上直樹復元制作）。

りつくスロープの上に、両脇に短い築地を付設した南門がみえる。国庁政庁を囲む築地や塀には政庁への入口として中門が備えられるが、別途南門まで整備されることは希有である。

　南門をくぐって八〇メートルほど先に中門を備えた政庁郭と、その両サイドの東西築地郭が並立し、なかには国庁堂宇が堂々たる威容をもってそびえているのだ。

　このような官道と官衙施設の配置は、ここを通る人びとに近江国府の傑出したスケールを体感させるに十分で、その効果を意図して周到な計画のもとに構成されたものであろう。

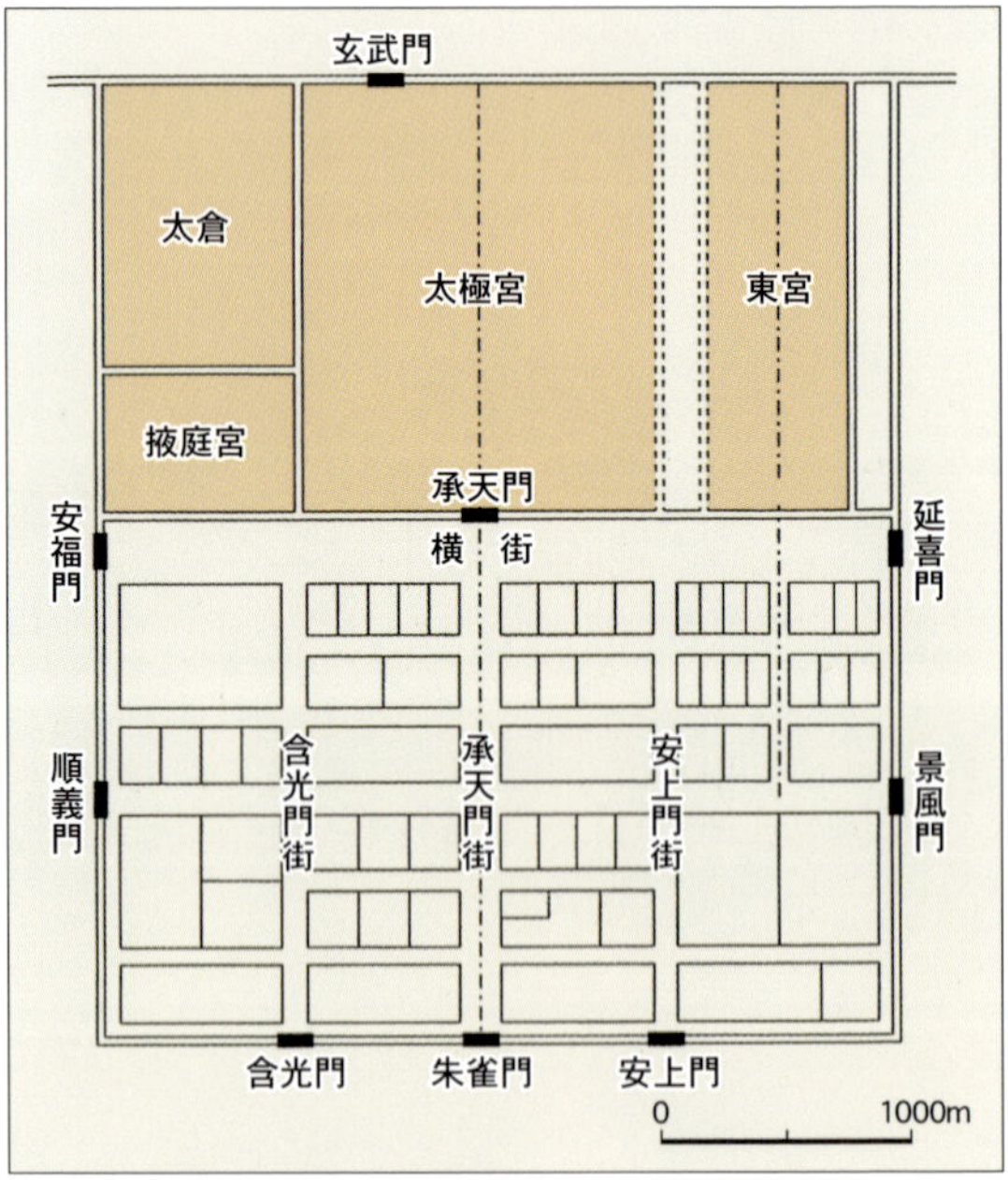

図 58 ● 唐長安城の宮城と皇城
1080 年（北宋・元豊 3）に、8 世紀前葉頃の長安城を石刻した「長安城図碑」によって様子が知られる。

政庁スタイルの謎

　そして、政庁もまた独特の形態であった。東西二町（約二一六メートル）の範囲の中心に政庁郭をおき、その両側に築地区画の東郭・西郭を並べる。

　このような官衙政庁構造は、宮殿も含めて国内ではみられないものである。唐突であるが、その類似例は中国にあった。唐代の長安城の内城は、北に皇帝らが居住する宮城が位置し、その南に官公庁を集めた皇城がある。宮城は、皇帝の住まう太極宮《だいごくきゅう》が中央にあり、その東に皇太子が住む東宮、西には后妃が住む掖庭宮《えきていきゅう》と米倉の太倉《たいそう》がおかれる（図58）。中枢政庁部に三つの郭を並置する点では、近江国庁と長安城宮城は共通する。これは他人の空似にすぎないのであろうか。

仲麻呂は百官の官名を唐風に改称する。また、孝謙上皇や光明皇太后に中国風尊号をあげ、すでに崩じていた聖武天皇にもこれを追贈したりするなど唐風趣味で知られる。彼がみずから国守として執政する近江国庁を、大唐帝国長安城の宮城を意識した構造に意匠をこらしたと推測するのもあながち荒唐無稽とはいえないのではなかろうか。

近江国庁独自のスタイルや国府関連官衙の豪壮なあり方には、専制独裁政治家であった仲麻呂がみずからの権威を発揚するために仕組んだ演出がたぶんに盛りこまれていると思う。

2　律令期国府の終焉

国府の衰退と天延四年の大地震

近江国庁をはじめとして近江国府関連施設は、出土した土器などの様相から一〇世紀代に廃絶したとみられる。『扶桑略記』には、九七六年（天延四）「大地震有り、又近江国分寺大門倒れ、二王悉く破損す、国府庁並びに雑屋三十余宇顚倒す」と被災状況が記されている。一〇世紀は律令体制の崩壊期にあたり、全国的に律令国府が衰退する時期である。この地震で壊滅的な被害をこうむった近江国府はもはや再建されることはなかったのであろう。

なお、ここにある近江国分寺とは、八二〇年（弘仁一一）に国分寺とされた瀬田川西岸にある国昌寺のことである。

国庁東郭廃絶後の建物群と中世国衙の胎動

国庁東郭では、築地や基壇建物が廃絶した後の一一世紀前半に、溝で区画された梁間一間の細長い掘立柱建物群が営まれている（図25参照）。建物群に近接して同時期とみられる小鍛冶炉群が所在することから、これらの掘立柱建物群を小鍛冶に関連する工房と推測している。その規模からすると、律令体制期国府にかわって新たに再編された中世国衙に付属する工房の可能性も考えられる。

また、政庁の東約三〇〇メートルの地点では、溝や柵などの区画施設をともなった一一世紀後半から一二世紀の掘立柱建物群が検出されている。即断はできないけれども、律令国府の跡地付近に中世国衙の関連施設が展開しているのかもしれない。

一一世紀以降の遺跡は、かつて米倉二郎らが考えた方八町ないし九町の範囲内に分布する傾向がある。最初に近江国府域が想定された方形方格の領域なり概念は、古代においては存在しなかったと考えられるにいたったが、律令国府が廃絶した後にこのようなエリアが認識されたことはなかったのかという疑問が新たに生じる。

近江国庁・国府の考古学的調査が始まってから、はや半世紀が経過した。その時々の調査成果は、新たな知見を提示しつづけ、それらによって復元される国庁や国府の姿もずいぶんと変容してきた。また、その一方、諸遺跡の具体的な機能や性格など不明なところは多く、新たな発見は、さらなる謎を投げかけつづけるのである。

主な参考文献

内田保之　二〇〇八「近江における官道に関する調査・研究の現状と課題」『人間文化』二四号　滋賀県立大学人間文化学部
大津市教育委員会　二〇〇二『石山国分遺跡発掘調査報告書』
大津市教育委員会　二〇〇六ａ『近江国府関連遺跡発掘調査報告書Ⅱ―重要遺跡・青江遺跡の確認調査―』
大津市教育委員会　二〇〇六ｂ『瀬田廃寺発掘調査現地説明会資料』
大津市教育委員会　二〇〇八『近江国府関連遺跡発掘調査報告書Ⅲ―中路遺跡―』
大津市教育委員会　二〇〇九ａ『近江国府関連遺跡発掘調査報告書Ⅳ―惣山遺跡―』
大津市教育委員会　二〇〇九ｂ『近江国府関連遺跡発掘調査報告書Ⅴ―青江遺跡・中路遺跡―』
大津市教育委員会　二〇〇九ｃ　シンポジウム「近江国庁とその周辺」資料
大津市役所　一九七八『新修大津市史』第一巻古代
大津市歴史博物館市史編さん室　一九九九『図説大津の歴史』上巻
小笠原好彦編　一九九〇『勢多唐橋』六興出版
京都文化博物館編　一九九六『長安―絢爛たる唐の都―』角川書店
金田章裕　二〇〇二『古代景観史の研究』吉川弘文館
草津市教育委員会　二〇〇七『野路小野山製鉄遺跡範囲確認調査報告書』
草津市役所　一九八一『草津市史』第一巻
古代を考える会　一九七八『近江国府跡の検討』

滋賀県教育委員会　一九六一「瀬田廃寺発掘調査報告」『滋賀県史蹟調査報告』第一二冊
滋賀県教育委員会　一九七七ａ『滋賀県文化財調査報告書』第六冊　史跡近江国衙跡発掘調査報告
滋賀県教育委員会　一九七七ｂ「大津市瀬田堂ノ上遺跡第二次発掘調査報告」『昭和五〇年度滋賀県文化財調査年報』
滋賀県教育委員会　一九七八『史跡近江国衙跡調査概要』
滋賀県教育委員会　一九九四「大津市野畑遺跡第二次調査報告」『平成四年度滋賀県埋蔵文化財調査年報』
滋賀県教育委員会　二〇〇二・〇四・〇七『史跡近江国庁跡附惣山遺跡・青江遺跡調査整備事業報告書Ⅰ～Ⅲ』
滋賀県教育委員会・草津市教育委員会・（財）滋賀県文化財保護協会　一九九〇『野路小野山遺跡発掘調査報告書』
滋賀県教育委員会・（財）滋賀県文化財保護協会　一九八八『横尾山古墳群発掘調査報告書』
滋賀県教育委員会・（財）滋賀県文化財保護協会　一九九二『唐橋遺跡』
滋賀県教育委員会・（財）滋賀県文化財保護協会　一九九四「南郷田中古墳および南郷田中瓦窯跡」『錦織・南滋賀遺跡発掘調査概要』Ⅷ
杉山信三　一九九五ａｂｃ「近江国府発見物語（一）～（三）—すぎこしのかなた—」『古代文化』第四七巻第五～七号（財）古代学協会
瀬田町文化協会　一九六五『静流』二三
林博通・栗本政志　一九八三「近江国府関連官衙跡の調査—大津市瀬田野畑遺跡の調査概要—」『古代文化』第三五巻第一号
平井美典　二〇〇一「近江国庁の政庁スタイルについて」『近江の歴史と考古』西田弘先生米寿記念論集刊行会
平井美典　二〇〇六「近江国府創建期の瓦について」『淡海文化財論叢』第一輯　淡海文化財論叢刊行会
平井美典　二〇〇七「近江国庁・国府調査研究の現状と課題」『人間文化』二一号　滋賀県立大学人間文化学部
丸山竜平　一九八三「近江国衙」藤岡謙二郎編『講座考古地理学』第二巻 古代都市　学生社
三坂圭治　一九三三『周防国府の研究』積文館
水野正好編　一九九二『古代を考える　近江』吉川弘文館
山中敏史　一九九四『古代地方官衙遺跡の研究』塙書房
米倉二郎　一九三五「近江国府の位置に就いて」『考古学』第六巻第八号

史跡近江国庁跡

・滋賀県大津市大江3・6丁目、三大寺
・交通　JR琵琶湖線石山駅から近江バス瀬田駅行ほか神領団地下車、徒歩5分

基壇をコンクリート製ブロックで囲んで保護・表示している。

近江国庁政庁の現況

大津市歴史博物館

大津市歴史博物館

・滋賀県大津市御陵町2番2号
・電話　077（521）2100
・開館時間　9：00～17：00（入館は16：30まで）
・休館日　月曜日（祝祭日・振替休日は開館）、祝祭日の翌日（土・日曜日の場合は開館）、年末年始

その他、業務の都合により休館する場合がある（事前に告知）

・入館料　一般210円、高校生・大学生150円、小学生・中学生100円

※大津市内在住の65歳以上の方は無料。土曜日は、すべての小・中学生は無料

※企画展・特別展は別料金

・交通　京阪電鉄石坂線別所駅下車、徒歩5分

JR湖西線大津京（旧：西大津）駅下車、徒歩15分

JR琵琶湖線大津駅から京阪バス10分、別所下車

大津の歴史と文化を各地域ごとのテーマ展示と歴史年表展示を通して紹介。

近江国府関係の展示

刊行にあたって

「遺跡には感動がある」。これが本企画のキーワードです。

あらためていうまでもなく、専門の研究者にとっては遺跡の発掘こそ考古学の基礎をなす基本的な手段です。また、はじめて考古学を学ぶ若い学生や一般の人びとにとって「遺跡は教室」です。

日本考古学では、もうかなり長期間にわたって、発掘・発見ブームが続いています。そして、毎年厖大な数の発掘調査報告書が、主として開発のための事前発掘を担当する埋蔵文化財行政機関や地方自治体などによって刊行されています。そこには専門研究者でさえ完全には把握できないほどの情報や記録が満ちあふれています。しかし、その遺跡の発掘によってどんな学問的成果が得られたのか、その遺跡やそこから出た文化財が古い時代の歴史を知るためにいかなる意義をもつのかなどといった点を、莫大な記述・記録の中から読みとることははなはだ困難です。ましてや、考古学に関心をもつ一般の社会人にとっては、刊行部数が少なく、数があっても高価なその報告書を手にすることすら、ほとんど困難といってよい状況です。

いま日本考古学は過多ともいえる資料と情報量の中で、考古学とはどんな学問か、また遺跡の発掘から何を求め、何を明らかにすべきかといった「哲学」と「指針」が必要な時期にいたっていると認識します。

本企画は「遺跡には感動がある」をキーワードとして、発掘の原点から考古学の本質を問い続ける試みとして、日本考古学が存続する限り、永く継続すべき企画と決意しています。いまや、考古学にすべての人びとの感動を引きつけることが、日本考古学の存立基盤を固めるために、欠かせない努力目標の一つです。必ずや研究者のみならず、多くの市民の共感をいただけるものと信じて疑いません。

監　修　戸沢　充則
編集委員　勅使河原彰　小野　昭
小野　正敏　石川日出志
小澤　毅　佐々木憲一

著者紹介

平井美典（ひらい・よしのり）

1962年、滋賀県生まれ
奈良大学文学部文化財学科卒業
現在、（財）滋賀県文化財保護協会
主な著作　「律令官衙政庁部の構造」『滋賀県埋蔵文化財センター紀要』1、「石山国分遺跡出土瓦の覚書」『（財）滋賀県文化財保護協会紀要』第9号ほか

写真提供・所蔵

図2・34・40・41・46・48・54：大津市埋蔵文化財調査センター、図7～9・12～14・17・19～22・27・32・38・42・45・52・53（下）・56：滋賀県教育委員会、図11・16（滋賀県教育委員会所蔵）・57：大津市歴史博物館、図28・29：滋賀県立琵琶湖博物館、図30・51：（財）滋賀県文化財保護協会、図43：滋賀県立安土城考古博物館、図50（下）：草津市教育委員会、図55：高島市教育委員会

図版出典

図1：内田2008に加筆、図4：三坂1933、図5：米倉1935、図10・15：滋賀県教育委員会1977 a、 図23～26：滋賀県教育委員会2004、図33：大津市教育委員会2009 c、図35：大津市教育委員会2008、図36・37：大津市教育委員会2006 a、図44：大津市教育委員会2006 b、図47：瀬田町文化協会1965、図49：国土地理院5万分の1地形図「京都東南部」、 図50（上）草津市教育委員会2007、図53（上）滋賀県教育委員会ほか1994、図58：京都文化博物館1996を改変

上記以外は著者

図版作成協力：小松葉子

シリーズ「遺跡を学ぶ」067

藤原仲麻呂がつくった壮麗な国庁・近江国府《おうみこくふ》

2010年4月15日　第1版第1刷発行

著　者＝平井美典

発行者＝株式会社 新 泉 社
東京都文京区本郷2-5-12
振替・00170-4-160936番　TEL03(3815)1662／FAX03(3815)1422
印刷／萩原印刷　製本／榎本製本

ISBN978-4-7877-1037-6　C1021

シリーズ「遺跡を学ぶ」

A5判／96頁／定価各1500円＋税

第Ⅰ期（全31冊完結・セット函入46500円＋税）

01 北辺の海の民・モヨロ貝塚　米村衛
02 天下布武の城・安土城　木戸雅寿
03 古墳時代の地域社会復元・三ツ寺Ⅰ遺跡　若狭徹
04 原始集落を掘る・尖石遺跡　勅使河原彰
05 世界をリードした磁器窯・肥前窯　大橋康二
06 五千年におよぶムラ・平出遺跡　小林康男
07 豊饒の海の縄文文化・曽畑貝塚　木﨑康弘
08 未盗掘石室の発見・雪野山古墳　佐々木憲一
09 氷河期を生き抜いた狩人・矢出川遺跡　堤　隆
10 描かれた黄泉の世界・王塚古墳　柳沢一男
11 江戸のミクロコスモス・加賀藩江戸屋敷　追川吉生
12 北の黒曜石の道・白滝遺跡群　木村英明
13 古代祭祀とシルクロードの終着地・沖ノ島　弓場紀知
14 黒潮を渡った黒曜石・見高段間遺跡　池谷信之
15 縄文のイエとムラの風景・御所野遺跡　高田和徳
16 鉄剣銘一一五文字の謎に迫る・埼玉古墳群　高橋一夫
17 石にこめた縄文人の祈り・大湯環状列石　秋元信夫
18 土器製塩の島・喜兵衛島製塩遺跡と古墳　近藤義郎
19 縄文の社会構造をのぞく・姥山貝塚　堀越正行
20 大仏造立の都・紫香楽宮　小笠原好彦
21 律令国家の対蝦夷政策・相馬の製鉄遺跡群　飯村均
22 筑紫政権からヤマト政権へ・豊前石塚山古墳　長嶺正秀
23 弥生実年代と都市論のゆくえ・池上曽根遺跡　秋山浩三
24 最古の王墓・吉武高木遺跡　常松幹雄
25 石槍革命・八風山遺跡群　須藤隆司
26 大和葛城の大古墳群・馬見古墳群　河上邦彦
27 南九州に栄えた縄文文化・上野原遺跡　新東晃一
28 泉北丘陵に広がる須恵器窯・陶邑遺跡群　中村浩
29 東北古墳研究の原点・会津大塚山古墳　辻秀人
30 赤城山麓の三万年前のムラ・下触牛伏遺跡　小菅将夫
別01 黒耀石の原産地を探る・鷹山遺跡群　黒耀石体験ミュージアム

第Ⅱ期（全20冊完結・セット函入30000円＋税）

31 日本考古学の原点・大森貝塚　加藤緑
32 斑鳩に眠る二人の貴公子・藤ノ木古墳　前園実知雄
33 聖なる水の祀りと古代王権・天白磐座遺跡　辰巳和弘
34 吉備の弥生大首長墓・楯築弥生墳丘墓　福本明
35 最初の巨大古墳・箸墓古墳　清水眞一
36 中国山地の縄文文化・帝釈峡遺跡群　河瀬正利
37 縄文文化の起源をさぐる・小瀬ヶ沢・室谷洞窟　小熊博史
38 世界航路へ誘う港市・長崎・平戸　川口洋平
39 武田軍団を支えた甲州金・湯之奥金山　谷口一夫
40 中世瀬戸内の港町・草戸千軒町遺跡　鈴木康之
41 松島湾の縄文カレンダー・里浜貝塚　会田容弘
42 地域考古学の原点・月の輪古墳　近藤義郎・中村常定
43 天下統一の城・大坂城　中村博司
44 東山道の峠の祭祀・神坂峠遺跡　市澤英利
45 霞ヶ浦の縄文景観・陸平貝塚　中村哲也
46 律令体制を支えた地方官衙・弥勒寺遺跡群　田中弘志
47 戦争遺跡の発掘・陸軍前橋飛行場　菊池実
48 最古の農村・板付遺跡　山崎純男
49 ヤマトの王墓・桜井茶臼山古墳・メスリ山古墳　千賀久
50 「弥生時代」の発見・弥生町遺跡　石川日出志

第Ⅲ期（全25冊　好評刊行中）

51 邪馬台国の候補地・纒向遺跡　石野博信
52 鎮護国家の大伽藍・武蔵国分寺　福田信夫
53 古代出雲の原像をさぐる・加茂岩倉遺跡　田中義昭
54 縄文人を描いた土器・和台遺跡　新井達哉
55 古墳時代のシンボル・仁徳陵古墳　一瀬和夫
56 大友宗麟の戦国都市・豊後府内　玉永光洋・坂本嘉弘
57 東京下町に眠る戦国の城・葛西城　谷口榮
58 伊勢神宮に仕える皇女・斎宮跡　駒田利治
59 武蔵野に残る旧石器人の足跡・砂川遺跡　野口淳
60 南国土佐から問う弥生時代像・田村遺跡　出原恵三
61 中世日本最大の貿易都市・博多遺跡群　大庭康時
62 縄文の漆の里・下宅部遺跡　千葉敏朗
63 東国大豪族の威勢・大室古墳群（群馬）　前原豊
64 新しい旧石器研究の出発点・野川遺跡　小田静夫
65 旧石器人の遊動と植民・恩原遺跡群　稲田孝司
66 古代東北統治の拠点・多賀城　進藤秋輝
67 藤原仲麻呂がつくった壮麗な国庁・近江国府　平井美典
68 列島始原の人類に迫る熊本の石器・沈目遺跡　木﨑康弘
別02 ビジュアル版 旧石器時代ガイドブック　堤　隆